아이가 주인공인 책

아이는 스스로 생각하고 성장합니다.
아이를 존중하고 가능성을 믿을 때
새로운 문제들을 스스로 해결해 나갈 수 있습니다.
길벗스쿨의 학습서는 아이가 주인공인 책입니다.
탄탄한 실력을 만드는 체계적인 학습법으로
아이의 공부 자신감을 높여줍니다.

가능성과 꿈을 응원해 주세요.
아이가 주인공인 분위기를 만들어 주고,
작은 노력과 땀방울에 큰 박수를 보내 주세요.
길벗스쿨이 자녀 교육에 힘이 되겠습니다.

[학습 계획표]

시작하기에 앞서 이 책의 학습 계획표를 세워 보세요. 스스로 지킬 수 있는 오늘의 목표를 정하고 꾸준히 실천해 보세요. 매일 꾸준하게 학습할 수 있도록 날짜를 적어서 계획하고 공부하는 습관을 만드는 것도 좋아요.

Week 1	Day 1	Day 2	Day 3	Day 4	Day 5	
	Pattern 01 Pattern 02 Check-up	Pattern 03 Pattern 04 Check-up	Pattern 05 Pattern 06 Check-up	Pattern 07 Pattern 08 Check-up	Pattern 09 Pattern 10 Check-up	Weekly Review
계획한 날짜	월 일	월 일	월 일	월 일	월 일	월 일

Week 2	Day 6	Day 7	Day 8	Day 9	Day 10	
	Pattern 11 Pattern 12 Check-up	Pattern 13 Pattern 14 Check-up	Pattern 15 Pattern 16 Check-up	Pattern 17 Pattern 18 Check-up	Pattern 19 Pattern 20 Check-up	Weekly Review
계획한 날짜	월 일	월 일	월 일	월 일	월 일	월 일

Week 3	Day 11	Day 12	Day 13	Day 14	Day 15	
	Pattern 21 Pattern 22 Check-up	Pattern 23 Pattern 24 Check-up	Pattern 25 Pattern 26 Check-up	Pattern 27 Pattern 28 Check-up	Pattern 29 Pattern 30 Check-up	Weekly Review
계획한 날짜	월 일	월 일	월 일	월 일	월 일	월 일

Week 4	Day 16	Day 17	Day 18	Day 19	Day 20	
	Pattern 31 Pattern 32 Check-up	Pattern 33 Pattern 34 Check-up	Pattern 35 Pattern 36 Check-up	Pattern 37 Pattern 38 Check-up	Pattern 39 Pattern 40 Check-up	Weekly Review
계획한 날짜	월 일	월 일	월 일	월 일	월 일	월 일

기적의 영어문장 쓰기 2

길벗스쿨

저자 김현정 (E&F Contents)

'Easy & Fun' 교육철학을 내걸고 유초등 학습자를 위한 영어 학습법을 기획·개발하고 있는 영어 교육 전문가. 15년 이상 출판업에 종사하며 초등영어 및 엄마표 영어교재를 다수 펴냈고 파닉스, 영단어, 영문법 등 여러 분야에서 굵직한 베스트셀러를 만들어냈다. 특히 패턴 학습법을 오랜 기간 연구한 전문가로 패턴 학습의 장점을 십분 활용한 패턴 회화 및 패턴 영작 도서를 다수 기획 및 집필했다.

기획·개발한 대표 저서로 《기적의 영어패턴 익히기》, 《왕초보 영어 대박패턴 100》, 《맛있는 초등 필수 영단어》, 《영어동요 하루 Song》, 《영어동요 대화 Song》 등이 있다.

기적의 영어문장 쓰기 2
Miracle Series – Sentence Writing 2

초판 발행 · 2024년 5월 31일

지은이 · 김현정
발행인 · 이종원
발행처 · 길벗스쿨
출판사 등록일 · 2006년 7월 1일 | **주소** · 서울시 마포구 월드컵로 10길 56 (서교동)
대표 전화 · 02)332-0931 | **이메일** · gilbut@gilbut.co.kr

기획 및 책임 편집 · 김소이(soykim@gilbut.co.kr) | **제작** · 손일순
영업마케팅 · 문세연, 박선경, 박다슬 | **웹마케팅** · 박달님, 이재윤, 이지수, 나혜연 | **영업관리** · 정경화 | **독자지원** · 윤정아

교정 · 최주연 | **전산편집** · 연디자인 | **표지 디자인** · 박찬진 | **본문 디자인** · 윤미주 | **영문 감수** · Ryan P. Lagace
표지 삽화 · 김보경 | **본문 삽화** · 신동민, 박혜연, 플러스툰 | **인쇄** · 교보피앤비 | **제본** · 경문제책 | **녹음** · YR미디어

ISBN 979-11-6406-753-4 64740 (길벗 도서번호 30557)
정가 15,000원

독자의 1초를 아껴주는 정성 길벗출판사
길벗 | IT실용서, IT/일반 수험서, IT전문서, 경제실용서, 취미실용서, 건강실용서, 자녀교육서
더퀘스트 | 인문교양서, 비즈니스서
길벗이지톡 | 어학단행본, 어학수험서
길벗스쿨 | 국어학습서, 수학학습서, 유아학습서, 어학학습서, 어린이교양서, 교과서, 학습단행본

길벗스쿨 공식 카페 〈기적의 공부방〉 · cafe.naver.com/gilbutschool
인스타그램 / 카카오플러스친구 · @gilbutschool

제 품 명	: 기적의 영어문장 쓰기 2
제조사명	: 길벗스쿨
제조국명	: 대한민국
전화번호	: 02-332-0931
주　소	: 서울시 마포구 월드컵로 10길 56 (서교동)
제조년월	: 판권에 별도 표기
사용연령	: 8세 이상

KC마크는 이 제품이 공동안전기준에 적합하였음을 의미합니다.

머리말

⭐ '읽기'만 했다면 이제 '쓰기'입니다.

유초등 시기에 동화책과 영상을 통해 영어를 어느 정도 접하여 읽을 수 있는 영어 단어와 문장이 쌓이고 나면 이제 영어 문장 쓰기에 도전할 때입니다. 수동적으로 읽고 듣기만 하는 학습에서 벗어나 능동적으로 영어 문장을 쓰고 말하는 학습을 할 때 아이들의 영어 실력이 급속도로 껑충 성장할 수 있기 때문입니다. 또한 2022 개정 교육과정에서 표현 영역이 강화되면서 서술형 평가가 확대되고 영작 활동이 늘어나기 때문에 앞으로는 쓰기 실력이 더욱 중요시 됩니다.

⭐ 수영을 연습하듯 매일 쓰기를 훈련하세요!

영어 문장을 읽고 뜻을 이해한다고 해서 그 문장을 바로 쓸 수 있는 것은 아닙니다. 읽기는 단어만 알면 문장의 뜻을 대충 짐작할 수 있지만, 쓰기는 단어를 어떤 순서로 나열할지 알아야 하기 때문입니다. 즉, 쓰기 실력을 키우기 위해서는 문장 구조와 어순 감각을 익히고, 그에 맞춰 문장을 만드는 훈련을 풍부하게 해야 합니다. 수영을 잘하려면 직접 팔다리를 휘저으며 연습해야 하듯이, 영어 쓰기를 잘하려면 실제 손으로 써 보는 훈련을 반복적으로 하는 것이 중요합니다. 기초 훈련으로 탄탄하게 힘을 길러야 문장들이 모여 이루는 단락글 영작도 문제 없이 해나갈 수 있게 됩니다.

⭐ 문법보다 '패턴'이 먼저입니다!

문장 구조와 어순 감각을 익히기 위해 문법부터 시작하는 것은 자칫 영어에 대한 거부감만 키울 수 있습니다. 영작을 처음 시작할 때는 복잡하고 난해한 문법을 공부할 필요는 없습니다. 자주 사용되는 문장 형태를 패턴으로 통째로 익힌 후 단어만 바꾸면 원하는 문장을 만들 수 있기 때문입니다. 이렇게 패턴을 이용해서 쓰기 연습을 하다 보면 영어 문장 구조와 어순을 감각적으로 자연스럽게 터득할 수 있게 됩니다.

《기적의 영어문장 쓰기》가 우리 아이들이 영어에 재미와 자신감을 얻고, 나아가 자신의 생각을 영어로 쓸 수 있는 실력을 기르는 데 든든한 디딤돌이 되기를 바랍니다.

저자 **김현정**

01

문법을 몰라도 문장을 쉽게 완성할 수 있는 패턴 학습법

패턴을 알면 단어와 표현만 갈아 끼워 영어문장을 쉽게 만들 수 있습니다. 어려운 문법 설명이나 복잡한 문장 구조를 몰라도 영작을 할 수 있어서, 영작을 처음 시작하는 초등학생에게는 패턴이 최적의 학습법입니다.

02

초등 영어교과서에서 뽑은 핵심 패턴 320개로 영작 기본기 완성

초등 영어교과서를 완벽 분석하여 핵심 문장 패턴을 선별하고 유형별로 정리했습니다. 교과서 핵심 패턴과 함께 일상에서 쓰이는 실용적인 예문을 접하면서, 초등 시기에 꼭 필요한 문장 쓰기 실력을 완성합니다.

03

초등 필수 영단어 800개로 영어 기초 체력을 탄탄하게!

초등학교 교육과정 권장단어 및 일상생활에서 자주 쓰이는 주요 단어들을 포함했습니다. 단어 책을 따로 익히고 외우지 않아도, 이 책의 패턴 영작 과정에서 자연스럽게 필수 어휘들도 함께 익힐 수 있습니다.

04

따라만 하면 저절로 외워지는 반복식 영작 훈련

영작 실력은 단숨에 늘지 않기에 꾸준한 연습 기간이 필요합니다. 패턴 문형을 6회 반복 연습할 수 있게 구성하여 문장을 쓰다 보면 기초 문법 개념을 저절로 터득하고, 암기하는 노력 없이도 문장 감각을 키울 수 있습니다.

전체 커리큘럼

단계	주요 패턴

1권

- be동사 패턴   I am... / I'm not... / You are... / Are you...? / Is she...?
- be동사 패턴   It is... / It's not... / Is it...? / We are... / They are...
- like 패턴   I like... / I don't like... / He likes... / Do you like...?
- have 패턴   I have... / She has... / Do you have...? / I had...

2권

- this & that 패턴   This is... / These are... / Is that...? / My hair is...
- be동사 과거형 패턴   I was... / You were... / It was... / They were...
- 일반동사 과거형 패턴   I saw... / I heard... / I made... / I went to...
- want 패턴   I want... / I want to... / I don't want to... / Do you want...?

3권

- 일반동사 패턴   Open... / Let's... / I don't... / Do you...?
- 진행형 패턴   I'm -ing / You're -ing / Are you -ing? / He was -ing
- can & will 패턴   I can... / Can you...? / I will... / Will you...?
- There is 패턴   There is... / There are... / Is there...? / There is no...

4권

- have to 패턴   I have to... / She has to... / I had to... / I should...
- be going to 패턴   I'm going to... / Are you going to...? / I was going to...
- what & why & who 패턴   What is...? / What do you...? / Why are you so...? / Who is...?
- how & when & where 패턴   How is...? / How many... do you...? / When is...? / Where is...?

단계 안내

기적의 영어문장 쓰기 ❶~❹

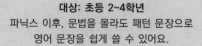

대상: 초등 2~4학년
파닉스 이후, 문법을 몰라도 패턴 문장으로
영어 문장을 쉽게 쓸 수 있어요.

기적의 영어문장 만들기 ❶~❺

대상: 초등 4~6학년
1~5형식 문장구조를 파악하여, 어순에 맞춰
문장을 만드는 연습을 해요.

이 책의 구성과 학습법

단어와 예문 듣기

- 001 기본패턴과 응용패턴 문장 듣기
- 002 Practice의 단어 및 표현 듣기
- 003 Practice의 완성문장 따라 읽기

기본패턴

패턴 표현에 대한 설명을 읽고 예문을 통해
패턴의 의미와 쓰임을 정확하게 이해합니다.

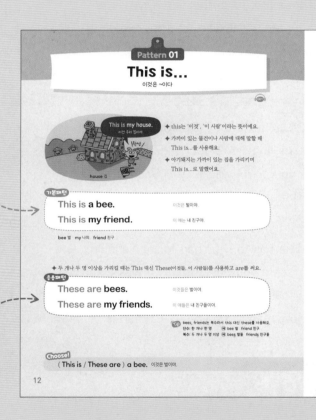

응용패턴

기본 패턴 표현에서 조금 변형된 패턴을 익히
면서 패턴에 대한 응용력을 키웁니다.

Practice

앞에서 배운 패턴에 단어와 표현을 넣어 직접 문장을
써 봅니다.
동일한 패턴 문장을 반복해서 쓰다 보면 패턴의 의미와
형태가 각인되고 어순 감각도 저절로 쌓이게 됩니다.

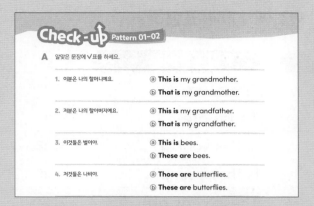

Check-up

오늘 배운 4개의 패턴을 확실히 익혔는지 문제로 확인합니다. 그림 묘사 문장, 대화문, 상황 설명문 등 다양한 유형의 문제를 풀며 오늘의 패턴 문장을 확인합니다.

Weekly Review

5일치 학습이 끝난 후에는 한 주 동안 배운 단어와 패턴 문장을 복습합니다. 단어와 표현들이 반복되도록 구성하여 쉽고 자연스럽게 암기할 수 있습니다.
또한 배운 패턴을 적용하여 짧은 글을 완성해볼 수 있습니다.

부가 학습자료

영단어 연습장

단어 테스트

온라인 퀴즈

단어 퀴즈 본책에서 학습한 주요 영어 단어의 철자와 뜻을 점검합니다.

문장 퀴즈 우리말에 알맞게 영어문장을 완성하면서 패턴 문장을 한 번 더 복습합니다.

[권말 부록]

[워크시트 다운로드]

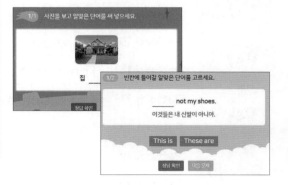

길벗스쿨 e클래스 eclass.gilbut.co.kr

길벗스쿨 e클래스에서 온라인 퀴즈, MP3 파일 및 워크시트 다운로드 등 부가 학습자료를 이용하실 수 있습니다.

차례

다음 문장을
영어로 표현할 수 있나요?

- ☐ 이것은 벌이야.
- ☐ 저것은 내 신발이 아니야.
- ☐ 여기가 네 방이야?
- ☐ 우리 학교는 넓어.
- ☐ 그것의 코는 길어.

*Point

this / that / these / those를 주어로 사용한 패턴을 익힙니다. this와 these를 구별하고, that과 those를 구별하면서 명사의 단수와 복수 개념을 자연스럽게 이해하게 됩니다. 또 소유격인 my / your / our / his / her 뒤에 명사를 붙인 형태를 주어로 사용하고, 각 주어에 알맞은 be동사를 붙이는 연습을 합니다.

Week 1

this & that 패턴
이것·저것에 대해 표현하기

This is...
이것은 ~이다

This is my house.
이건 우리 집이야.

완성

house 집

✦ this는 '이것', '이 사람'이라는 뜻이에요.

✦ 가까이 있는 물건이나 사람에 대해 말할 때
  This is...를 사용해요.

✦ 아기돼지는 가까이 있는 집을 가리키며
  This is...로 말했어요.

기본패턴

This is **a bee.**　　　　　　이것은 벌이야.

This is **my friend.**　　　　이 애는 내 친구야.

bee 벌　my 나의　friend 친구

✦ 두 개나 두 명 이상을 가리킬 때는 This 대신 These(이것들, 이 사람들)를 사용하고 are를 써요.

응용패턴

These are **bees.**　　　　　이것들은 벌이야.

These are **my friends.**　　이 애들은 내 친구들이야.

Tip bees, friends는 복수라서 this 대신 these를 사용해요.
단수: 한 개나 한 명　예) bee 벌　friend 친구
복수: 두 개나 두 명 이상　예) bees 벌들　friends 친구들

Choose!

(**This is** / **These are**) a bee. 이것은 벌이야.

12

Practice
패턴에 알맞은 표현을 넣어 문장을 완성하세요. (002) (003)

a horse
말

my house
나의 집

my grandmother
나의 할머니

❶ 이것은 말이야.

This is

❷ 이분은 나의 할머니예요.

❸ 여기가 나의 집이야.

● this는 '여기'라는 뜻도 있어서 가까이 있는 장소를 가리킬 때도 사용해요.

donkeys
당나귀들

my shoes
내 신발

my parents
나의 부모님

❹ 이것들은 당나귀야.

These are

❺ 이분들은 나의 부모님이에요.

❻ 이것들은 내 신발이 아니야.
+ not 아니다

● '신발'은 두 짝이 한 쌍이므로 복수형인 shoes를 사용해요.

Pattern 02
That is...
저것은/그것은 ~이다

That is amazing!
저거 대단한데!

열려라
참깨!

amazing 놀라운, 대단한

✦ that은 '저것', '저 사람' 또는 '그것', '그 사람'이라는 뜻이에요.

✦ 떨어져 있는 물건이나 사람에 대해 말할 때 That is...를 사용해요.

✦ 알리바바는 조금 떨어진 곳의 상황을 말하기 위해 That is...를 사용했어요.

기본패턴

That is **a butterfly.**   저것은 나비야.

That is **my brother.**   저 애는 내 남동생이야.

butterfly 나비   brother 남자 형제

비교 **This is a butterfly.** 이것은 나비야. (가까이 있을 때)
That is a butterfly. 저것은 나비야. (멀리 있을 때)

✦ 두 개나 두 명 이상을 가리킬 때는 That 대신 Those(저것들, 저 사람들)를 사용하고 are를 써요.

응용패턴

Those are **butterflies.**   저것들은 나비야.

Those are **my brothers.**   저 애들은 내 남동생들이야.

butterflies butterfly(나비)의 복수형

Tip butterflies, brothers는 복수라서 that 대신 those를 사용해요.

Choose!

(**That is** / **Those are**) **butterflies.** 저것들은 나비야.

 **Practice** 패턴에 알맞은 표현을 넣어 문장을 완성하세요.

a ladybug
무당벌레

my school
나의 학교

my grandfather
나의 할아버지

❶ 저것은 무당벌레야.

That is

❷ 저분은 나의 할아버지예요.

• grandfather를 줄여서 grandpa라고도 해요.

❸ 저기는 나의 학교야.

• that은 '저기'라는 뜻도 있어서 멀리 있는 장소를 가리킬 때도 사용해요.

bees
벌들

my socks
내 양말

my gloves
내 장갑

❹ 저것들은 내 양말이야.

Those are

• '양말'은 두 짝이 한 쌍이므로 복수형인 socks를 사용해요.

❺ 저것들은 내 장갑이야.

• '장갑'은 두 짝이 한 쌍이므로 복수형인 gloves를 사용해요.

❻ 저것들은 벌이 아니야.
　+ not 아니다

A 알맞은 문장에 ✔표를 하세요.

1. 이분은 나의 할머니예요.
ⓐ **This is** my grandmother.
ⓑ **That is** my grandmother.

2. 저분은 나의 할아버지예요.
ⓐ **This is** my grandfather.
ⓑ **That is** my grandfather.

3. 이것들은 벌이야.
ⓐ **This is** bees.
ⓑ **These are** bees.

4. 저것들은 나비야.
ⓐ **Those are** butterflies.
ⓑ **These are** butterflies.

B 알맞은 표현을 써서 문장을 완성하세요.

> This is   These are   That is   Those are

1. 이 애는 내 남동생이야. ➜ _____ my brother.

2. 저기는 나의 집이야. ➜ _____ my house.

3. 이것들은 내 장갑이야. ➜ _____ my gloves.

4. 저것들은 내 양말이야. ➜ _____ my socks.

C   그림을 참고하여 상황에 알맞은 문장을 쓰세요.

1. _____

이건 나비가 아니야. (a butterfly)

2. _____

이건 무당벌레야. (a ladybug)

3. _____

저건 말이 아니야. (a horse)

4. _____

저건 당나귀야. (a donkey)

5. _____

이것들은 내 신발이 아니야. (my shoes)

6. _____

저것들이 내 신발이야. (my shoes)

Is this...?

이것은 ~야?

> **Is this your ax?**
> 이것이 네 도끼냐?

ax 도끼

✦ This is...의 순서를 바꾼 Is this...?는 '이것은 ~야?'라고 묻는 말이에요.

✦ 산신령은 손에 들고 있는 도끼에 대해 묻기 위해 Is this...?를 사용했어요.

✦ Is this...?는 '이 사람은 ~야?', '여기는 ~야?' 라는 뜻도 돼요.

기본패턴

Is this a horse?	이것은 말이야?
Is this Tony?	이 애가 토니야?

horse 말

✦ Is this 뒤에 your(너의)을 쓰면 '이것은 너의 ~야?'라는 뜻이 돼요.

응용패턴

Is this your eraser?	이것은 네 지우개야?
Is this your house?	여기가 네 집이야?

eraser 지우개   **your** 너의   **house** 집

Choose!

(**Is this** / This is) a horse? 이것은 말이야?

18

Practice

패턴에 알맞은 표현을 넣어 문장을 완성하세요.

a chicken
닭

a duck
오리

a bookstore
서점

❶ 이것은 오리야?

Is this

❷ 이것은 닭이야?

❸ 여기는 서점이야?

room
방

desk
책상

aunt
고모, 이모

❹ 이것은 네 책상이야?

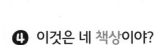 

❺ 여기는 네 방이야?

❻ 이분은 너의 고모시니?

• aunt는 '고모, 이모, (외)숙모' 등을 모두 가리켜요.

Pattern 04

Is that...?

저것은/그것은 ~야?

> **Is that a chicken?**
> 저것은 닭이야?

chicken 닭

✦ That is...의 순서를 바꾼 Is that...?은 '저것은/그것은 ~야?'라고 묻는 말이에요.

✦ 서울쥐는 멀리 있는 동물에 대해 묻기 위해 Is that...?을 사용했어요.

✦ Is that...?은 '저 사람은 ~야?', '저기는 ~야?' 라는 뜻도 돼요.

기본패턴

Is that a duck?	저것은 오리야?
Is that Jenny?	저 애는 제니야?

duck 오리

✦ Is that 뒤에 your(너의)을 쓰면 '저것은 너의 ~야?'라는 뜻이 돼요.

응용패턴

Is that your desk?	저것은 네 책상이야?
Is that your room?	저기가 네 방이야?

desk 책상   room 방

Choose!

(**Is this** / **Is that**) **a duck?** 저것은 오리야?

Practice 패턴에 알맞은 표현을 넣어 문장을 완성하세요. 011 012

a frog
개구리

a goose
거위

a library
도서관

❶ 저것은 개구리야?

Is that

❷ 저것은 거위야?

❸ 저기는 도서관이야?

chair
의자

eraser
지우개

uncle
삼촌

❹ 저것은 네 지우개야?

Is that your

❺ 저것은 네 의자야?

❻ 저 사람은 너의 삼촌이시니?

• uncle은 '삼촌, 큰아빠, 고모부, 이모부' 등을 모두 가리켜요.

A 알맞은 문장에 √표를 하세요.

1. 이것은 개구리야?
   - ⓐ **This is** a frog?
   - ⓑ **Is this** a frog?

2. 저것은 닭이야?
   - ⓐ **That is** a chicken?
   - ⓑ **Is that** a chicken?

3. 저분은 너의 할아버지시니?
   - ⓐ **Is that your** grandfather?
   - ⓑ **Is this your** grandfather?

4. 여기가 네 방이야?
   - ⓐ **Is this your** room?
   - ⓑ **Is that your** room?

B 알맞은 표현을 써서 문장을 완성하세요.

> Is this   Is this your   Is that   Is that your

1. 저것은 의자야? ➡ ＿＿＿＿＿＿＿＿ a chair?

2. 이것은 책상이야? ➡ ＿＿＿＿＿＿＿＿ a desk?

3. 이분은 너의 삼촌이시니? ➡ ＿＿＿＿＿＿＿＿ uncle?

4. 저분은 너의 고모시니? ➡ ＿＿＿＿＿＿＿＿ aunt?

C 그림을 참고하여 상황에 알맞은 문장을 쓰세요.

1. _____
   저것은 오리야? (a duck)

2. No. _____
   아니. 저것은 거위야. (a goose)

4. No. _____
   아니야. 여기는 서점이야. (a bookstore)

3. _____
   여기는 도서관이에요? (a library)

5. _____
   이것은 네 지우개야? (eraser)

6. No. _____
   아니. 그것은 내 지우개가 아니야. (my eraser)

This soup is...
이 수프는 ~하다

This soup is too hot.
이 수프는 너무 뜨거워.

그건 아빠곰 수프인데...

soup 수프
hot 뜨거운

✦ this(이) 다음에 soup(수프)을 쓰면 '이 수프'라는 뜻이 돼요.

✦ This soup은 단수이므로 is를 써서 '이 수프는 ~하다'라는 말이 됐어요.

✦ 〈This + 단수 명사〉 뒤에 is를 써서 '이 ~은 ~하다'라고 표현해 봐요.

기본패턴

This cup is dirty.	이 컵은 더러워.
This toy is mine.	이 장난감은 내 거야.

cup 컵   dirty 더러운   toy 장난감   mine 나의 것

✦ 〈These + 복수 명사〉 뒤에 are를 써서 '이 ~들은 ~하다'라고 표현해 봐요.

응용패턴

These cups are clean.	이 컵들은 깨끗해.
These toys are yours.	이 장난감들은 네 거야.

clean 깨끗한   yours 너의 것

 Tip This cup은 단수라서 is를 쓰고, These cups는 복수라서 are를 써요.

Choose!

(**This cup is** / **These cups are**) **dirty.** 이 컵들은 더러워.

 **Practice** 패턴에 알맞은 표현을 넣어 문장을 완성하세요.

large
큰, 넓은

delicious
맛있는

too big
너무 큰

dirty
더러운

sweet
달콤한

too long
너무 긴

❶ 이 집은 넓어. + house 집

This house is

❷ 이 셔츠는 너무 커. + shirt 셔츠

❸ 이 치즈는 맛있어. + cheese 치즈

❹ 이 쿠키들은 달콤해. + cookies 쿠키들

These cookies are

❺ 이 양말들은 더러워. + socks 양말들

❻ 이 바지는 너무 길어. + pants 바지

• '바지'는 다리 넣는 곳이 두 개라서 복수형인 pant<u>s</u>를 사용해요.

That boy is...

저 남자애는 ~하다

That boy is very rude.
저 남자애는 정말 버릇없어.

boy 남자아이   rude 버릇없는

✦ that(저) 다음에 boy(남자애)를 쓰면 '저 남자애'라는 뜻이 돼요.

✦ That boy는 단수이므로 is를 써서 '저 남자애는 ~하다'라는 말이 됐어요.

✦ 〈That + 단수 명사〉 뒤에 is를 써서 '저 ~은 ~하다'라고 표현해 봐요.

기본패턴

That car is **fast.**   저 차는 빨라.

That bag is **heavy.**   저 가방은 무거워.

car 차   fast 빠른   bag 가방   heavy 무거운

✦ 〈Those + 복수 명사〉 뒤에 are를 써서 '저 ~들은 ~하다'라고 표현해 봐요.

응용패턴

Those cars are **slow.**   저 차들은 느려.

Those bags are **light.**   저 가방들은 가벼워.

slow 느린   light 가벼운

 That car는 단수라서 is를 쓰고, Those cars는 복수라서 are를 써요.

Choose!

(**That car is** / Those cars are) fast.   저 차는 빨라.

Practice

패턴에 알맞은 표현을 넣어 문장을 완성하세요. 🎧017 🎧018

a rose
장미

exciting
흥미진진한

scary
무서운

big
큰

tall
높은, 키가 큰

interesting
재미있는

❶ 저 꽃은 장미야. + flower 꽃

That flower is

❷ 저 게임은 흥미진진해. + game 게임

• excited는 사람이 흥미진진함을 느끼는 것이고, exciting은 사물·상황이 흥미진진한 거예요.

❸ 저 고양이는 무서워. + cat 고양이

• scared는 사람이 무서움을 느끼는 것이고, scary는 사물·상황이 무서운 거예요.

❹ 저 책들은 재미있어. + books 책들

Those books are

• interesting은 흥미롭거나 특이해서 '재미있는' 것을 말해요.

❺ 저 풍선들은 아주 커. + balloons 풍선들 very 아주

❻ 저 건물들은 아주 높아. + buildings 건물들 very 아주

A 알맞은 문장에 √표를 하세요.

1. 이 장난감은 내 거야.

　ⓐ **This toy is** mine.

　ⓑ **That toy is** mine.

2. 저 게임은 흥미진진해.

　ⓐ **That game is** exciting.

　ⓑ **That game are** exciting.

3. 이 장난감들은 내 거야.

　ⓐ **This toys are** mine.

　ⓑ **These toys are** mine.

4. 저 신발들은 네 거야.

　ⓐ **Those shoes is** yours.

　ⓑ **Those shoes are** yours.

B 알맞은 표현을 써서 문장을 완성하세요.

> This　　That　　These　　Those　　is　　are　　is　　are

1. 이 가방은 무거워. ➡ _____ bag _____ heavy.

2. 저 가방들은 가벼워. ➡ _____ bags _____ light.

3. 저 컵은 더러워. ➡ _____ cup _____ dirty.

4. 이 컵들은 깨끗해. ➡ _____ cups _____ clean.

C 그림을 참고하여 상황에 알맞은 문장을 쓰세요.

1. _____
   저 건물은 아주 높아. (building, very, tall)

2. _____
   저 차들은 무척 빠르구나. (cars, very, fast)

3. _____
   이 집은 크다. (house, large)

4. _____
   저 고양이는 무서워. (cat, scary)

5. _____
   이 쿠키들은 달콤해. (cookies, sweet)

6. _____
   이 치즈는 맛있어. (cheese, delicious)

My hair is...
내 머리는 ~하다

My hair is very long.
내 머리는 아주 길어.

hair 머리카락
long 긴

✦ my는 '나의'이므로 my hair는 '내 머리'라는 뜻이에요.

✦ My hair는 단수라서 is를 써서 '내 머리는 ~하다'라는 뜻을 나타냈어요.

✦ My bag(내 가방), My hands(내 손들)처럼 〈My + 명사〉를 *주어로 사용해 봐요.

기본패턴

My bag is heavy.   내 가방은 무거워.

My hands are dirty.   내 손(들)은 더러워.

hand 손

 My bag은 단수라서 is를 쓰고
My hands는 복수라서 are를 써요.

✦ your은 '너의'라는 뜻이에요. 〈Your + 명사〉를 주어로 사용해 봐요.

응용패턴

Your sister is angry.   네 누나는 화가 났어.

Your eyes are big.   네 눈(들)은 커.

sister 여자 형제   angry 화가 난   eye 눈   big 큰

 주어: 위 문장의 My bag, Your sister처럼
동작이나 상태의 주체를 말해요.
영어에서 주어는 보통 문장 맨 앞에 와요.

Choose!

(My bag / Your bag) is heavy.   너의 가방은 무거워.

Practice

패턴에 알맞은 표현을 넣어 문장을 완성하세요. 🎧020 🎧021

old
오래된, 낡은

new
새로운, 새것인

a pilot
조종사

pretty
예쁜

funny
웃기는

long
긴

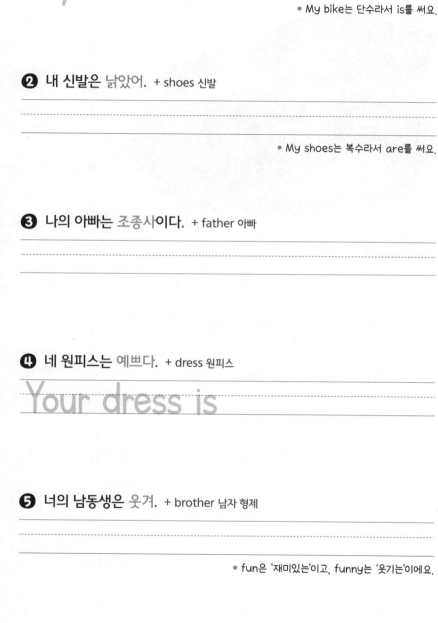

❶ 내 자전거는 새것이야. + bike 자전거

My bike is

• My bike는 단수라서 is를 써요.

❷ 내 신발은 낡았어. + shoes 신발

• My shoes는 복수라서 are를 써요.

❸ 나의 아빠는 조종사이다. + father 아빠

❹ 네 원피스는 예쁘다. + dress 원피스

Your dress is

❺ 너의 남동생은 웃겨. + brother 남자 형제

• fun은 '재미있는'이고, funny는 '웃기는'이에요.

❻ 네 머리는 길어. + hair 머리

Our house is...

우리 집은 ~하다

 022

Our house is big.
우리 집은 커요.

house 집
big 큰

✦ our는 '우리의'이므로 our house는 '우리의 집'이라는 뜻이에요.

✦ Our house(우리의 집)는 단수여서 is를 써서 '우리 집은 ~하다'라는 뜻이 됐어요.

✦ Our dad(우리 아빠), Our school(우리 학교) 처럼 〈Our + 명사〉를 주어로 사용해 봐요.

기본패턴

Our car is old. 우리 차는 낡았어.

Our school is large. 우리 학교는 넓어.

old 낡은   school 학교   large 큰, 넓은

✦ their은 '그들의'라는 뜻이에요. 〈Their + 명사〉를 주어로 사용해 봐요.

응용패턴

Their mom is kind. 그들의 엄마는 친절하다.

Their names are the same. 그들의 이름은 같아.

mom 엄마   kind 친절한   name 이름   same 같은

Choose!

(Our school / Their school) is large. 우리 학교는 커.

32

Practice

패턴에 알맞은 표현을 넣어 문장을 완성하세요.

sick
아픈

ready
준비된

strong
튼튼한

weak
약한

angry
화가 난

yellow
노란색의

❶ 우리 팀은 준비됐어. + team 팀

Our team is

❷ 우리 개는 아파. + dog 개

❸ 우리의 집은 튼튼해. + house 집

❹ 그들의 공은 노란색이야. + ball 공

Their ball is

❺ 그들의 선생님은 화가 나셨다. + teacher 선생님

❻ 그들의 집은 약해. + house 집

A 알맞은 문장에 ✔표를 하세요.

1. 내 공은 노란색이야.
   ⓐ **My ball is** yellow.
   ⓑ **Your ball is** yellow.

2. 너의 눈(들)은 커.
   ⓐ **My eyes are** big.
   ⓑ **Your eyes are** big.

3. 우리 차는 낡았다.
   ⓐ **Our car is** old.
   ⓑ **Their car is** old.

4. 그들의 이름은 같아.
   ⓐ **Our names are** the same.
   ⓑ **Their names are** the same.

B 알맞은 표현을 써서 문장을 완성하세요.

| My | Your | Our | Their | is | are | is | are |

1. 네 원피스는 예뻐. → _____ dress _____ pretty.

2. 내 손들은 더러워. → _____ hands _____ dirty.

3. 우리 학교는 아주 넓어. → _____ school _____ very large.

4. 그들의 신발은 낡았어. → _____ shoes _____ old.

C 그림을 참고하여 상황에 알맞은 문장을 쓰세요.

1. _____
   내 자전거는 낡았어. (bike, old)

2. _____
   네 자전거는 새것이구나. (bike, new)

3. _____
   우리 선생님은 화가 났어. (teacher, angry)

4. _____
   너희 선생님은 웃겨. (teacher, funny)

5. _____
   나의 집은 튼튼해요. (house, strong)

6. _____
   저 애들의 집들은 약해요. (house, weak)

His nose is...

그의 코는 ~하다

His nose is **so long.**
그의 코는 매우 길어요.

nose 코   long 긴

✦ his는 '그의'이므로 his nose는 '그의 코'라는 뜻이에요.

✦ His nose는 단수여서 is를 써서 '그의 코는 ~하다'라는 뜻이 됐어요.

✦ His name(그의 이름), His hair(그의 머리)처럼 〈His + 명사〉를 주어로 사용해 봐요.

기본패턴

| His name is **Jack.** | 그의 이름은 잭이야. |
| His hair is **brown.** | 그의 머리는 갈색이야. |

hair 머리카락   brown 갈색의

✦ her는 '그녀의'라는 뜻이에요. 〈Her + 명사〉를 주어로 사용해 봐요.

응용패턴

| Her name is **Jill.** | 그녀의 이름은 질이야. |
| Her hair is **red.** | 그녀의 머리는 빨간색이야. |

red 빨간색의

Choose!

(His hair / **Her hair**) is red. 그녀의 머리는 빨간색이야.

Practice

패턴에 알맞은 표현을 넣어 문장을 완성하세요. 026 027

kind
친절한

messy
지저분한

a dentist
치과의사

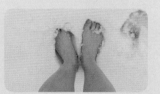

cold
차가운, 추운

fat
뚱뚱한

pink
분홍색의

❶ 그의 책상은 지저분해. + desk 책상

His desk is

❷ 그의 아내는 친절하다. + wife 아내

❸ 그의 엄마는 치과의사다. + mother 엄마

• 평상시에는 mother, father보다 mom, dad를 더 많이 사용해요.

❹ 그녀의 침대는 분홍색이야. + bed 침대

Her bed is

❺ 그녀의 남편은 뚱뚱하다. + husband 남편

❻ 그녀의 발(들)은 차가워. + feet 발들

• foot(발)의 복수형은 feet예요.

Jack's mom is...

잭의 엄마는 ~하다

Jack's mom is happy.
잭의 엄마는 행복해요.

happy 행복한

✦ Jack(잭) 뒤에 's를 붙인 Jack's는 '잭의'라는 뜻이에요.

✦ 이렇게 단어 끝에 's를 붙이면 '~의'라는 뜻이 돼요.

✦ Jack's mom은 단수라서 뒤에 is를 써서 '잭의 엄마는 ~하다'라는 뜻이 됐어요.

기본패턴

The dog's name is Bingo.   그 개의 이름은 빙고야.

My mom's hat is brown.   나의 엄마의 모자는 갈색이야.

hat 모자

 Tip '나의 엄마'는 my mom이고,
'나의 엄마의 모자'는 my mom's hat이에요.

✦ its는 '그것의'라는 뜻이에요. 〈Its + 명사〉를 주어로 사용해 봐요.

응용패턴

Its nose is long.   그것의 코는 길어.

Its ears are big.   그것의 귀는 커.

nose 코   long 긴   ear 귀

 Tip Its를 It's로 쓰지 않도록 주의해요.
It's는 It is의 줄임말로 '그것은 ~하다'라는 뜻이에요.

Choose!

(**Its nose** / It's nose) is long. 그것의 코는 길어.

 Practice 패턴에 알맞은 표현을 넣어 문장을 완성하세요.

green
녹색의

black
검은색의

smart
똑똑한

short
짧은

red
빨간색의

sharp
날카로운

❶ 메리의 여동생은 똑똑해. + Mary 메리 sister 여자 형제

Mary's sister is

❷ 나의 아빠의 차는 검은색이야. + my dad 나의 아빠 car 차

❸ 그 남자의 모자는 녹색이야. + the man 그 남자 hat 모자

❹ 그것의 꼬리는 짧아. + tail 꼬리

Its tail is

❺ 그것의 눈들은 빨개. + eyes 눈들

❻ 그것의 이빨들은 날카로워. + teeth 이빨들

● tooth(이, 이빨)의 복수형은 teeth예요.

A 알맞은 문장에 √표를 하세요.

1. 그녀의 남편은 뚱뚱하다.
   - ⓐ **His husband is** fat.
   - ⓑ **Her husband is** fat.

2. 그의 아내는 친절하다.
   - ⓐ **His wife is** kind.
   - ⓑ **Her wife is** kind.

3. 그 개의 이름은 빙고야.
   - ⓐ **The dog name is** Bingo.
   - ⓑ **The dog's name is** Bingo.

4. 그것의 귀는 커.
   - ⓐ **Its ears are** big.
   - ⓑ **It's ears are** big.

B 알맞은 표현을 써서 문장을 완성하세요.

| His | Her | Its | My mom's | is | are | is | is |

1. 그의 엄마는 치과의사다. ➡ _____ mom _____ a dentist.

2. 그녀의 모자는 초록색이다. ➡ _____ hat _____ green.

3. 그것의 코는 길다. ➡ _____ nose _____ long.

4. 나의 엄마의 발은 차가워. ➡ _____ feet _____ cold.

C 그림을 참고하여 상황에 알맞은 문장을 쓰세요.

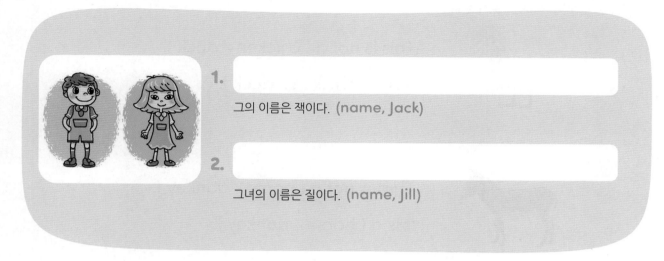

1. _____

그의 이름은 잭이다. (name, Jack)

2. _____

그녀의 이름은 질이다. (name, Jill)

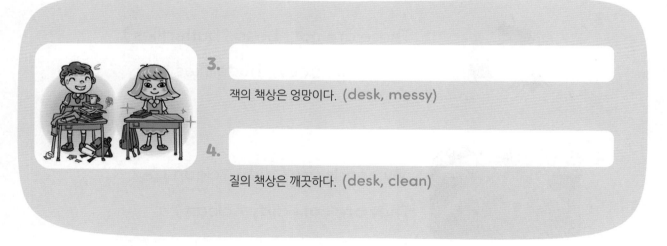

3. _____

잭의 책상은 엉망이다. (desk, messy)

4. _____

질의 책상은 깨끗하다. (desk, clean)

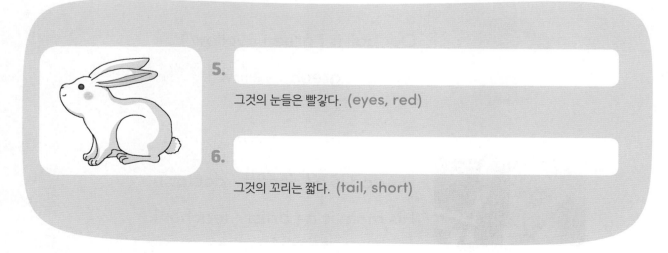

5. _____

그것의 눈들은 빨갛다. (eyes, red)

6. _____

그것의 꼬리는 짧다. (tail, short)

A 사진을 보고 알맞은 단어를 고르세요.

1.

This is not a (chicken / duck).

It is a (chicken / duck).

2.

That is not a (horse / donkey).

It is a (horse / donkey).

3.

These are not (bees / butterflies).

They are (bees / butterflies).

4.

My hands are (dirty / clean).

They are not (dirty / clean).

5.

Our ball is (green / yellow).

It is not (green / yellow).

6.

His dad is a (dentist / doctor).

His mom is a (artist / teacher).

B 알맞은 패턴과 표현을 찾아서 연결하세요.

1. 이것은 개구리야?   •   •   This is   •   •   my shoes.

2. 이 애는 내 친구야.   •   •   Is this   •   •   my friend.

3. 이것들은 무거워.   •   •   These are   •   •   a frog?

4. 저것들은 내 신발이야.   •   •   Those are   •   •   heavy.

5. 이 영화는 재미있어.   •   •   This movie is   •   •   tall.

6. 저 건물은 높아.   •   •   Our team is   •   •   fun.

7. 그것의 꼬리는 짧아.   •   •   That building is   •   •   short.

8. 우리 팀은 준비됐어.   •   •   Its tail is   •   •   ready.

C 빈칸에 알맞은 표현을 써서 문장을 완성하세요.

1.

❶ _____ Mary.

❷ _____ long.

이 애는 메리야. / 그녀의 머리는 길어.

2.

❶ _____ Tom.

❷ _____ brown.

저 애는 탐이야. / 그의 머리는 갈색이야.

3.

❶ _____ my parents.

❷ _____ my parents.

이분들은 나의 부모님이 아니셔. / 저분들이 나의 부모님이셔.

4.

❶ _____ long.

❷ _____ big.

그것의 코는 길어. / 그것의 귀는 커.

5.

A: ❶ _____ bed?

B: Yes. ❷ _____ pink.

A: 이것은 네 침대야? / B: 응. 내 침대는 분홍색이야.

44

빈칸에 알맞은 표현을 써서 글을 완성하세요.

That is Jack's room.

His room is clean.

❶ _____ my room.

❷ _____ messy.

I should clean my room.

➡️ 저기는 잭의 방이야. 그의 방은 깨끗해.
여기는 내 방이야. 내 방은 지저분해. 나는 내 방을 청소해야겠어.

I have a party today.

This shirt is too big.

❸ _____ too long.

❹ _____ dirty.

Oh, this dress is just right!

➡️ 나는 오늘 파티가 있어. 이 셔츠는 너무 커. 이 바지는 너무 길어.
이 양말은 더러워. 오, 이 원피스가 딱이다!

다음 문장을
영어로 표현할 수 있나요?

☐ 나는 운이 좋았어.

☐ 너는 놀랐어?

☐ 어제는 추웠어.

☐ 우리는 모두 걱정했어.

☐ 많은 사람들이 실망했어.

*Point

be동사 과거형 역시 I was... / You were... / She was... 등 주어와 be동사를 묶어서
패턴으로 외워 두면 쉽게 활용할 수 있습니다. 특히 과거형은 일기나 독후감을 쓸 때 자주
사용하므로 충분히 연습하도록 합니다. 패턴 19~20에서는 자주 쓰는 전치사인 in, under,
on, next to를 사용하여 위치를 나타내는 법을 연습합니다.

Week 2

be동사 과거형 패턴
과거의 기분·상태 표현하기

I was...

나는 ~였다 / 나는 ~했다

I was silly.
내가 어리석었어.

silly 어리석은

✦ was는 am의 과거형으로 '~였다/했다'라는 뜻이에요.

✦ 현재 '나는 ~이다/하다'는 I am..., 과거에 '나는 ~였다/했다'는 I was...로 표현해요.

✦ 베짱이는 과거에 자신이 어리석었다면서 I was...를 사용했어요.

기본패턴

I was **hungry.**	나는 배고팠어.
I was **very happy.**	나는 정말 행복했어.

hungry 배고픈   happy 행복한

 비교 I **am** hungry. 나는 배고파. (현재)
I **was** hungry. 나는 배고팠어. (과거)

✦ I was 뒤에 not을 쓰면 과거에 '나는 ~하지 않았다'라는 뜻이 돼요.

응용패턴

I was not **sleepy.**	나는 졸리지 않았어.
I was not **ready.**	나는 준비가 안 됐어.

sleepy 졸린   ready 준비된

 Tip was not을 줄여서 wasn't라고도 해요.

Choose!

(I am / I was) hungry. 나는 배고팠어.

48

Practice 패턴에 알맞은 표현을 넣어 문장을 완성하세요.

busy
바쁜

lucky
운이 좋은

free
한가한

❶ 나는 운이 좋았어.

I was

❷ 나는 한가했어.

❸ 나는 좀 바빴어.
+ a little 좀, 약간

lonely
외로운

thirsty
목마른

afraid
무서워하는

❹ 나는 무섭지 않았다.

I was not

❺ 나는 목마르지 않았다.

❻ 나는 외롭지 않았다.

You were...

너는 ~였다 / 너는 ~했다

You were very brave.
너는 무척 용감했어.

brave 용감한

✦ were는 are의 과거형으로 '~였다/했다'라는 뜻이에요.

✦ 현재 '너는 ~이다/하다'는 You are..., 과거에 '너는 ~였다/했다'는 You were...로 표현해요.

✦ 사자가 좀 전에 용감했다고 말하기 위해 You were...를 사용했어요.

기본패턴

You were great.	너는 대단했어.
You were kind.	너는 친절했어.

great 대단한

비교 You **are** great. 너는 대단해. (현재)
You **were** great. 너는 대단했어. (과거)

✦ You were...의 순서를 바꾼 Were you...?는 '너는 ~였어/했어?'라고 묻는 말이에요.

응용패턴

Were you afraid?	너는 무서웠어?
Were you lonely?	너는 외로웠어?

afraid 무서운   lonely 외로운

Choose!

(**You were** / **Were you**) **great.** 너는 대단했어.

Practice 패턴에 알맞은 표현을 넣어 문장을 완성하세요.

wrong
틀린

right
맞은

the best
최고

❶ 네가 맞았어.

You were

❷ 네가 틀렸었어.

❸ 네가 최고였어.

sleepy
졸린

surprised
놀란

bored
지루한, 따분한

❹ 너는 졸렸었니?

Were you

❺ 너는 지루했어?

❻ 너는 놀랐었니?

A 알맞은 문장에 √표를 하세요.

1. 나는 무척 바빴다.
   ⓐ **I am** very busy.
   ⓑ **I was** very busy.

2. 너는 용감했어.
   ⓐ **You are** brave.
   ⓑ **You were** brave.

3. 나는 안 무서웠어.
   ⓐ **I was not** afraid.
   ⓑ **I were not** afraid.

4. 너는 운이 좋았어?
   ⓐ **Were you** lucky?
   ⓑ **Was you** lucky?

B 알맞은 표현을 써서 문장을 완성하세요.

| I was | I was not | You were | Were you |

1. 네가 맞았어. ➡ _____ right.

2. 나는 목말랐어. ➡ _____ thirsty.

3. 너는 배고팠니? ➡ _____ hungry?

4. 나는 외롭지 않았어. ➡ _____ lonely.

C 그림을 참고하여 상황에 알맞은 문장을 쓰세요.

1. _____
   너는 대단했어. (great)

2. _____
   네가 최고였어. (the best)

3. _____
   놀랐었어? (surprised)

4. Yes. _____
   응. 나는 무척 놀랐었어. (very, surprised)

5. _____
   너 바빴어? (busy)

6. No. _____
   아니. 한가했어. (free)

He was...

그는 ~였다 / 그는 ~했다

He was a carpenter.
그는 목수였어요.

carpenter 목수

✦ is의 과거형도 was예요.

✦ 현재 '그는 ~이다/하다'는 He is..., 과거에 '그는 ~였다/했다'는 He was...로 표현해요.

✦ 할아버지가 과거에 목수였다는 뜻으로 He was...를 사용했어요.

기본패턴

He was poor. 그는 가난했어.

She was my aunt. 그녀는 나의 이모였어.

poor 가난한   aunt 이모

비교 He is poor. 그는 가난해. (현재)
He **was** poor. 그는 가난했어. (과거)

✦ He was...의 순서를 바꾼 Was he...?는 '그는 ~였어/했어?'라고 묻는 말이에요.

응용패턴

Was he surprised? 그는 놀랐었어?

Was she your mom? 그녀는 너의 엄마셨어?

surprised 놀란   your mom 너의 엄마

Choose!

(She is / She was) poor. 그녀는 가난했다.

54

Practice

패턴에 알맞은 표현을 넣어 문장을 완성하세요.

a king
왕

a queen
왕비

foolish
바보 같은

❶ 그는 왕이었다.

He was

❷ 그는 바보 같았다.

❸ 그녀는 왕비였다.

okay
괜찮은

nervous
긴장한

a witch
마녀

❹ 그는 괜찮았어요?

Was he

❺ 그녀는 긴장했었나요?

❻ 그녀는 마녀였어요?

It was...
그것은 ~였다 / 그것은 ~했다

It was an old lamp.
그것은 낡은 램프였어요.

old 낡은   lamp 램프

✦ 현재 '그것은 ~이다/하다'는 It is..., 과거에 '그것은 ~였다/했다'는 It was...로 표현해요.

✦ 알라딘이 과거에 발견한 램프가 어땠는지 얘기하면서 It was...를 사용했어요.

기본패턴

It was easy.   그것은 쉬웠어.

It was hot yesterday.   어제는 더웠어.

easy 쉬운   hot 더운   yesterday 어제

 Tip 과거의 날씨를 말할 때도 It was...를 사용해요.

✦ It was...의 순서를 바꾼 Was it...?은 '그것은 ~였어/했어?'라고 묻는 말이에요.

응용패턴

Was it fun?   그것은 재미있었어?

Was it light?   그것은 가벼웠어?

fun 재밌는

 비교 Is it fun? 그것은 재미있어? (현재)
Was it fun? 그것은 재미있었어? (과거)

Choose!

(It was / Was it) fun?   그것은 재미있었어?

Practice 패턴에 알맞은 표현을 넣어 문장을 완성하세요. 041 042

cold
추운

interesting
재미있는, 흥미로운

boring
지루한

hard
어려운, 힘든

empty
비어 있는

scary
무서운

❶ 그것은 흥미로웠어.

It was

❷ 그것은 지루했어.

• bored는 사람이 지루함을 느끼는 것이고, boring은 사물·상황이 지루한 거예요.

❸ 어제는 추웠어. + yesterday 어제

• yesterday(어제)처럼 시간을 나타내는 표현은 보통 문장 끝에 와요.

❹ 그것은 무서웠어?

Was it

❺ 그것은 비어 있었어?

❻ 그것은 어려웠어?

• hard는 '어려운' 외에 '딱딱한'이라는 뜻도 있어요.

A 알맞은 문장에 ✔표를 하세요.

1. 그는 바보 같았다.
   ⓐ **He was** foolish.
   ⓑ **He is** foolish.

2. 그녀는 괜찮았어요?
   ⓐ **Is she** okay?
   ⓑ **Was she** okay?

3. 그것은 쉬웠어.
   ⓐ **It is** easy.
   ⓑ **It was** easy.

4. 그것은 어려웠어?
   ⓐ **Was it** hard?
   ⓑ **Is it** hard?

B 알맞은 표현을 써서 문장을 완성하세요.

| He was | It was | Was she | Was it |

1. 그것은 흥미로웠다. ➡ _____ interesting.

2. 그는 긴장했다. ➡ _____ nervous.

3. 그녀는 운이 좋았어요? ➡ _____ lucky?

4. 어제는 더웠어? ➡ _____ hot yesterday?

1. _____
(그것은) 재미있었어? (fun)

2. No. _____
아뇨. (그건) 지루했어요. (boring)

3. _____
(그거) 무서웠어? (scary)

4. Yes. _____
네. (그것은) 아주 무서웠어요. (very, scary)

5. _____
그분은 너의 엄마셨어? (your mom)

6. No. _____
아니요. 그분은 저희 이모였어요. (my aunt)

We were...

우리는 ~였다 / 우리는 ~했다

We were worried.
우리는 걱정했어.

worried 걱정하는

✦ were는 are의 과거형이에요.

✦ 현재 '우리는 ~이다/하다'는 We are...,
과거에 '우리는 ~였다/했다'는
We were...로 표현해요.

✦ 언니들은 과거에 걱정했다는 뜻으로
We were...를 사용했어요.

기본패턴

We were **lucky.**
우리는 운이 좋았다.

We were **nervous.**
우리는 긴장했다.

lucky 운이 좋은   nervous 긴장한

비교 We **are** lucky. 우리는 운이 좋다. (현재)
We **were** lucky. 우리는 운이 좋았다. (과거)

✦ We were 뒤에 all(모두)을 쓰면 '우리는 모두 ~였다/했다'라는 뜻이 돼요.

응용패턴

We were all **sad.**
우리는 모두 슬펐다.

We were all **surprised.**
우리는 모두 놀랐었다.

sad 슬픈

Choose!

(We were / We are) **sad.** 우리는 슬펐다.

Practice

패턴에 알맞은 표현을 넣어 문장을 완성하세요. 044 045

full
배부른, 꽉 찬

shocked
충격을 받은

close friends
친한 친구들

❶ 우리는 충격을 받았다.

We were

• shocked는 사람이 충격을 받은 것이고, shocking은 사물·상황이 충격을 주는 거예요.

❷ 우리는 친한 친구였다.

❸ 우리는 배부르지 않았다.
+ not 않다

scared
무서운

excited
신난

worried
걱정하는

❹ 우리는 모두 신이 났다.

We were all

❺ 우리는 모두 걱정했다.

❻ 우리는 모두 무서웠다.

They were...

그들은 ~였다 / 그들은 ~했다

They were very angry.
그들은 무척 화가 났어요.

angry 화가 난

✦ 현재 '그들은 ~이다/하다'는 They are...,
과거에 '그들은 ~였다/했다'는 They
were...로 표현해요.

✦ 마을 사람들이 과거에 화가 났다는 뜻으로
They were...를 사용했어요.

기본패턴

They were rich. 그들은 부자였다.

They were roses. 그것들은 장미였다.

rich 부유한   rose 장미

비교 They **are** rich. 그들은 부자이다. (현재)
They **were** rich. 그들은 부자였다. (과거)

✦ They were 뒤에 all(모두)을 쓰면 '그들은 모두 ~였다/했다'라는 뜻이 돼요.

응용패턴

They were all happy. 그들은 모두 행복했다.

They were all the same. 그것들은 모두 똑같았다.

Tip 지금까지 배운 be동사의 과거형을 주어와 짝지어서 외워 두세요.
I was / He was / She was / It was
You were / We were / They were

Choose!

(**They were** / **They were all**) **happy.** 그들은 모두 행복했다.

62

Practice

패턴에 알맞은 표현을 넣어 문장을 완성하세요.

expensive
비싼

great singers
위대한 가수들

poor
가난한

❶ 그들은 가난했다.

❷ 그것들은 비쌌다.

• they는 사람뿐만 아니라 동물이나 사물도 가리켜요.

❸ 그들은 대단한 가수였다.

similar
비슷한

different
다른

lazy
게으른

❹ 그들은 모두 게을렀다.

❺ 그것들은 모두 비슷했다.

❻ 그것들은 모두 달랐다.

A 알맞은 문장에 ✔표를 하세요.

1. 우리는 아주 신이 났었다.

   ⓐ **We are** very excited.

   ⓑ **We were** very excited.

2. 그들은 매우 운이 좋았다.

   ⓐ **They were** very lucky.

   ⓑ **They was** very lucky.

3. 그것들은 모두 똑같았다.

   ⓐ **They were all** the same.

   ⓑ **They were too** the same.

4. 우리는 걱정하지 않았다.

   ⓐ **We was not** worried.

   ⓑ **We were not** worried.

B 알맞은 표현을 써서 문장을 완성하세요.

| We were | We were all | They were | They were all |

1. 우리는 친한 친구였다. ➡ _____ close friends.

2. 그들은 대단한 가수였다. ➡ _____ great singers.

3. 우리는 모두 놀랐다. ➡ _____ surprised.

4. 그것들은 모두 비쌌다. ➡ _____ expensive.

C 그림을 참고하여 상황에 알맞은 문장을 쓰세요.

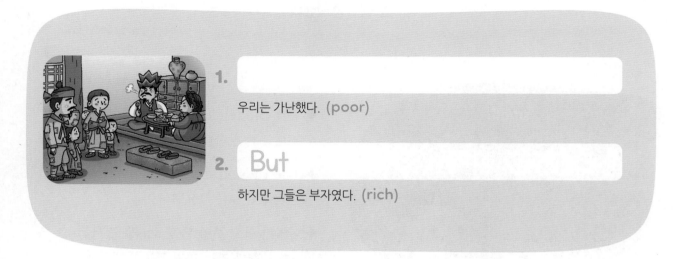

1. _____
우리는 가난했다. (poor)

2. But _____
하지만 그들은 부자였다. (rich)

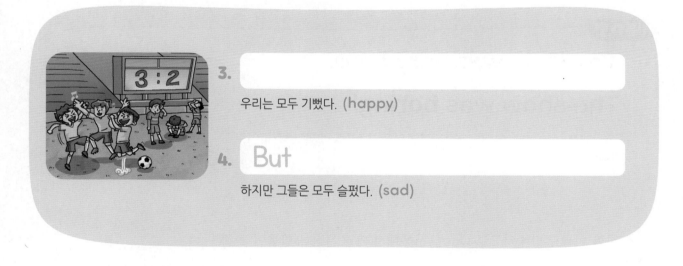

3. _____
우리는 모두 기뻤다. (happy)

4. But _____
하지만 그들은 모두 슬펐다. (sad)

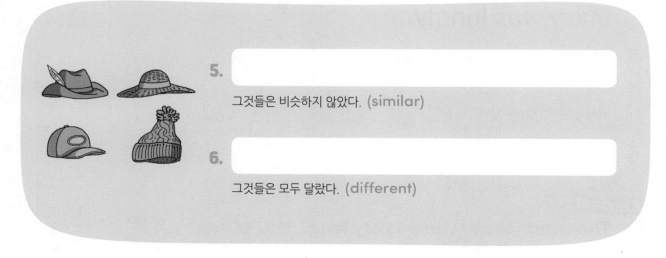

5. _____
그것들은 비슷하지 않았다. (similar)

6. _____
그것들은 모두 달랐다. (different)

The planet was...

그 행성은 ~했다

The planet was small.
그 행성은 작았어요.

planet 행성
small 작은

✦ The planet(그 행성)이 과거에 작았다는
뜻으로 is가 아니라 was를 사용했어요.

✦ The planet(그 행성)이 단수여서 were가
아니라 was를 사용했어요.

✦ 다양한 단수 주어 뒤에 was를 써서
'~은 ~했다'라는 과거 문장을 만들어 봐요.

기본패턴

The train was very long.   그 기차는 매우 길었다.

The show was boring.   그 공연은 지루했다.

train 기차   show 공연   boring 지루한   train, show가 단수여서 was를 써요.

✦ 사람 이름도 단수이므로 was를 사용해서 과거 문장을 만들어 봐요.

응용패턴

Mary was lonely.   메리는 외로웠다.

Henry was not tall.   헨리는 키가 크지 않았다.

lonely 외로운   tall 키가 큰

Choose!

The train (was / were) very long. 기차는 매우 길었다.

 Practice 패턴에 알맞은 표현을 넣어 문장을 완성하세요.

brave
용감한

sweet
달콤한

a princess
공주

❶ 그 수박은 달았다. + the watermelon 그 수박

The watermelon was

• watermelon은 단수라서 were가 아니라 was를 사용해요.

❷ 왕자는 매우 용감했다. + the prince 왕자 very 매우

❸ 그 여자는 공주였다. + the woman 그 여자

late
늦은

safe
안전한

beautiful
아름다운

❹ 탐은 안전했다. + Tom 탐

Tom was

❺ 수미는 오늘 늦었어요. + Sumi 수미 today 오늘

❻ 백설공주는 무척 아름다웠어요. + Snow White 백설공주 so 무척

Pattern 18

The apples were...

그 사과들은 ~했다

The apples were so red.
그 사과들은 아주 빨갰어요.

apple 사과   red 빨간

✦ The apples(그 사과들)가 과거에 빨갰다는 뜻으로 are 대신 were를 사용했어요.

✦ The apples(그 사과들)가 복수여서 was가 아니라 were를 사용했어요.

✦ 다양한 복수 주어 뒤에 were를 써서 '~들은 ~했다'라는 과거 문장을 만들어 봐요.

기본패턴

The horses were fast.　　　그 말들은 빨랐다.

The monsters were so scary.　　　그 괴물들은 무척 무서웠다.

monster 괴물   scary 무서운

 horses, monsters가 복수여서 were를 써요.

✦ Many people(많은 사람들)은 복수이므로 were를 사용해서 과거 문장을 만들어 봐요.

응용패턴

Many people were worried.　　　많은 사람들이 걱정했다.

Many people were shocked.　　　많은 사람들이 충격을 받았다.

worried 걱정하는   shocked 충격 받은

 people은 '사람들'이므로 단어 자체가 복수예요.

Choose!

The horses (was / were) fast. 그 말들은 빨랐다.

Practice 패턴에 알맞은 표현을 넣어 문장을 완성하세요.

pretty
예쁜

sour
(맛이) 신

cute
귀여운

❶ 그 레몬들은 맛이 시었다. + the lemons 그 레몬들

The lemons were

• lemons는 복수라서 was가 아니라 were를 사용해요.

❷ 그 꽃들은 예뻤다. + the flowers 그 꽃들

❸ 그 강아지들은 무척 귀여웠다. + the puppies 그 강아지들 so 무척

disappointed
실망한

surprised
놀란

sick
아픈

❹ 많은 사람들이 아팠다.

Many people were

❺ 많은 사람들이 놀랐다.

❻ 많은 사람들이 실망했다.

A 알맞은 문장에 ✔표를 하세요.

1. 그 기차는 매우 길었다.
   ⓐ **The train was** very long.
   ⓑ **The train were** very long.

2. 그 말들은 빨랐다.
   ⓐ **The horses was** fast.
   ⓑ **The horses were** fast.

3. 헨리는 늦지 않았다.
   ⓐ **Henry was** not late.
   ⓑ **Henry were** not late.

4. 많은 사람들이 걱정했다.
   ⓐ **Many people was** worried.
   ⓑ **Many people were** worried.

B 알맞은 표현을 써서 문장을 완성하세요.

was	were	was	were

1. 그 여자는 공주였다.
   → The woman _____ a princess.

2. 그 사과들은 매우 빨갰다.
   → The apples _____ very red.

3. 백설공주는 무척 아름다웠어요.
   → Snow White _____ so beautiful.

4. 많은 사람들이 놀랐어요.
   → Many people _____ surprised.

1. _____

그 수박은 달았다. (the watermelon, sweet)

2. But _____

하지만 포도는 시었다. (the grapes, sour)

3. _____

그 괴물들은 무서웠다. (the monsters, scary)

4. But _____

하지만 왕자는 무척 용감했다. (the prince, very, brave)

5. _____

그 공연은 지루했다. (the concert, boring)

6. _____

많은 사람들이 실망했다. (disappointed)

It's in...

그것은 ~ 안에 있다

It's in the pond.
그것은 연못 안에 있어.

pond 연못

✦ be동사(am/are/is)에는 '있다'라는 뜻도 있어요.

✦ '~ 안에 있다'라고 할 때는 am/are/is 뒤에 in(~ 안에)을 써요.

✦ '~ 안에 있었다'라고 할 때는 was/were 뒤에 in(~ 안에)을 써요.

✦ 공이 연못 안에 있어서 It's 뒤에 in을 썼어요.

기본패턴

It's in **my bag.**   그건 내 가방 안에 있어.

They're in **the house.**   그들은 집에 있어요.

✦ be동사 뒤에 under(~ 아래에)를 쓰면 '~ 아래에 있다'라는 뜻이 돼요.

응용패턴

It's under **the chair.**   그건 의자 아래에 있어.

They were under **the bed.**   그것들은 침대 아래에 있었어.

chair 의자   bed 침대

 Tip in(~ 안에), under(~ 아래에), on(~ 위에) 등을 '전치사'라고 해요.

Choose!

(It's in / It's under) **my bag.** 그건 내 가방 안에 있어.

72

Practice

패턴에 알맞은 표현을 넣어 문장을 완성하세요.

the kitchen
부엌

the bathroom
화장실

the living room
거실

the tree
나무

the table
식탁, 탁자

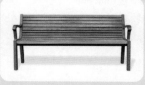

the bench
벤치

❶ 나는 화장실에 있어.

I'm in

❷ 그는 거실에 있어요.

❸ 나의 엄마는 부엌에 계세요. + my mom 나의 엄마

❹ 그건 식탁 아래에 있어.

It's under

❺ 그 공은 벤치 아래에 있어. + the ball 그 공

❻ 그 여우는 나무 아래에 있었다. + the fox 그 여우 과거형

Pattern 20

He's on...

그는 ~ 위에 있다

He's on the roof.
그놈이 지붕 위에 있어.

roof 지붕

✦ '~ 위에 있다'라고 할 때는 am/are/is 뒤에 on(~ 위에)을 써요.

✦ '~ 위에 있었다'라고 할 때는 was/were 뒤에 on(~ 위에)을 써요.

✦ 늑대가 지붕 위에 있어서 He's 뒤에 on을 썼어요.

기본패턴

It's on the desk.   그건 책상 위에 있어.

A bird is on the tree.   새 한 마리가 나무 위에 있어.

bird 새   tree 나무

✦ be동사 뒤에 next to(~ 옆에)를 쓰면 '~ 옆에 있다'라는 뜻이 돼요.

응용패턴

It's next to the TV.   그것은 TV 옆에 있어.

Sumi was next to you.   수미가 네 옆에 있었어.

TV 텔레비전

 위치를 나타내는 전치사로 behind(~ 뒤에), in front of(~ 앞에), between(~ 사이에) 등도 있어요.

Choose!

(**It's next to** / **It's on**) **the desk.** 그것은 책상 위에 있어.

74

패턴에 알맞은 표현을 넣어 문장을 완성하세요. 059 060

the roof
지붕

the sofa
소파

the newspaper
신문

❶ 그건 소파 위에 있어.

It's on

❷ 리모컨은 신문 위에 있어. + the remote 리모컨

• '리모컨'은 원래 remote control이지만 간단히 remote라고도 해요.

❸ 그 늑대는 지붕 위에 있었어. + the wolf 그 늑대 과거형

the bakery
빵집

the bank
은행

the post office
우체국

❹ 그것은 은행 옆에 있어.

It's next to

❺ 그것은 우체국 옆에 있어.

❻ 은행은 빵집 옆에 있었어. + the bank 은행 과거형

A 알맞은 문장에 ✔표를 하세요.

1. 그건 책상 위에 있어.
   - ⓐ **It's in** the desk.
   - ⓑ **It's on** the desk.

2. 그건 침대 아래에 있어.
   - ⓐ **It's under** the bed.
   - ⓑ **It's next to** the bed.

3. 나의 아빠는 욕실에 있어요.
   - ⓐ **My dad is on** the bathroom.
   - ⓑ **My dad is in** the bathroom.

4. 그것들은 은행 옆에 있었어.
   - ⓐ **They were next to** the bank.
   - ⓑ **They were under** the bank.

B 알맞은 표현을 써서 문장을 완성하세요.

| is in | is on | was next to | was under |

1. 그 컵은 식탁 위에 있어. ➡ The cup _____ the table.

2. 그녀는 거실에 있어요. ➡ She _____ the living room.

3. 그 고양이는 의자 아래에 있었어. ➡ The cat _____ the chair.

4. 은행은 빵집 옆에 있었어. ➡ The bank _____ the bakery.

C 그림을 참고하여 상황에 알맞은 문장을 쓰세요.

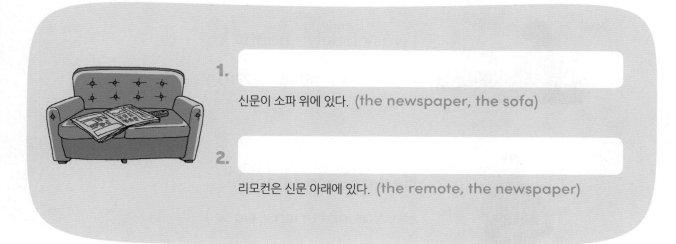

1.

신문이 소파 위에 있다. (the newspaper, the sofa)

2.

리모컨은 신문 아래에 있다. (the remote, the newspaper)

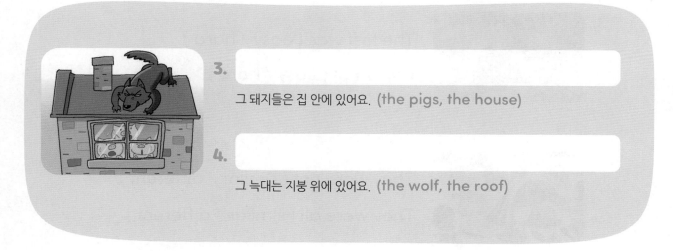

3.

그 돼지들은 집 안에 있어요. (the pigs, the house)

4.

그 늑대는 지붕 위에 있어요. (the wolf, the roof)

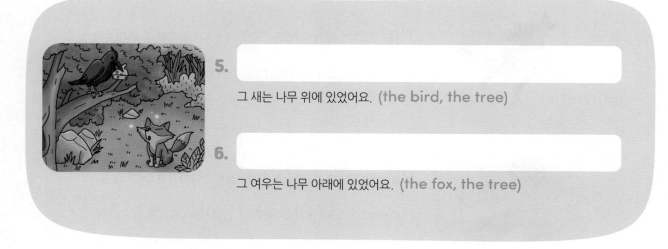

5.

그 새는 나무 위에 있었어요. (the bird, the tree)

6.

그 여우는 나무 아래에 있었어요. (the fox, the tree)

A 사진을 보고 알맞은 단어를 고르세요.

1.

   I was (lonely / happy).

   I was not (lonely / happy).

2.

   He was (rich / poor).

   He was not (rich / poor).

3.

   The test was (easy / hard).

   It was not (easy / hard).

4.

   They were not (similar / different).

   They were all (similar / different).

5.

   The woman was not a (queen / witch).

   She was a (queen / witch).

6.

   He's not in the (kitchen / bathroom).

   He's in the (kitchen / bathroom).

B 알맞은 패턴과 표현을 찾아서 연결하세요.

1. 나는 운이 좋았다. • • Were you • • lucky.

2. 너는 친절했어. • • I was • • kind.

3. 너는 놀랐었니? • • It was • • surprised?

4. 그것은 재미있었어. • • You were • • fun.

5. 그는 졸렸었다. • • He was • • boring?

6. 나는 무섭지 않았다. • • They were all • • sleepy.

7. 그들은 모두 걱정했다. • • Was it • • worried.

8. 그것은 지루했어? • • I was not • • afraid.

C 빈칸에 알맞은 표현을 써서 문장을 완성하세요.

1.

❶ _____ light.

❷ _____ heavy.

그것은 가벼웠어. / 그것은 무겁지 않았어.

2.

❶ _____ right.

❷ _____ wrong.

네가 맞았어. / 내가 틀렸었어.

3.

A: ❶ _____ your mom?

B: No. ❷ _____ my aunt.

A: 그녀는 너의 엄마셨어? / B: 아니. 그녀는 나의 이모였어.

4.

❶ _____ fast.

❷ _____ excited.

그 기차는 빨랐다. / 우리는 모두 신이 났다.

5.

❶ _____ the tree.

❷ _____ the car.

그 차는 나무 아래에 있다. / 그 고양이는 차 위에 있다.

D 빈칸에 알맞은 표현을 써서 글을 완성하세요.

We saw a movie today.

The movie was not boring.

❶ ＿＿＿＿＿＿ very scary.

❷ ＿＿＿＿＿＿ scared.

But it was interesting.

➡ 우리는 오늘 영화를 봤다. 영화는 지루하지 않았다. 그것은 무척 무서웠다.
우리는 모두 무서웠다. 하지만 그것은 재미있었다.

My mom was sick.

She was in her room.

❸ ＿＿＿＿＿＿ worried.

❹ ＿＿＿＿＿＿ the kitchen.

He was very busy.

➡ 나의 엄마가 아프셨다. 그녀는 방에 있었다. 나는 걱정이 됐다.
나의 아빠는 부엌에 있었다. 그는 매우 바빴다.

다음 문장을
영어로 표현할 수 있나요?

- ☐ 나는 무지개를 봤어.
- ☐ 나는 눈사람을 만들었어.
- ☐ 우리는 배드민턴을 쳤어.
- ☐ 그는 나에게 선물을 줬어.
- ☐ 나는 우산을 깜박했어.

*Point

일반동사 과거형 중에서 자주 쓰이는 동사들을 패턴으로 연습합니다. 대부분 3형식 어순을 이루기 때문에 이번 주 학습을 마치면 3형식 어순에 더욱 자신감을 갖게 됩니다. 특히 일기나 독후감을 쓸 때는 동사의 과거형을 많이 쓰게 되므로 충분히 연습해 두도록 합니다. 그런 다음 문장 뒤에 전치사(구)나 부사(구)를 덧붙여서 문장을 더욱 길게 만드는 연습도 해 보세요.

Week 3

일반동사
과거형 패턴
과거에 한 일 표현하기

I saw...

나는 ~을 봤다

I saw a castle.
나는 성을 봤어요.

castle 성

✦ see(보다)의 과거형은 saw(봤다)예요.

✦ 과거에 '나는 ~을 봤다'는 I saw...로 표현해요.

✦ 구름 위에서 성을 본 잭은 I saw...를 이용해 말했어요.

기본패턴

I saw **the movie.** 나는 그 영화 봤어.

I saw **many stars.** 나는 많은 별들을 봤어.

movie 영화   star 별

✦ '어제' 봤다고 하려면 I saw... 문장 끝에 yesterday(어제)를 써요.

응용패턴

I saw **you** yesterday. 나는 어제 너를 봤어.

We saw **him** yesterday. 우리는 어제 그를 봤어.

you 너를   him 그를

 yesterday처럼 시간을 나타내는 표현은 보통 문장 끝에 와요.

Choose!

(I see / I saw) the movie. 나는 그 영화 봤어.

84

Practice

패턴에 알맞은 표현을 넣어 문장을 완성하세요. 062 063

lightning
번개

a rainbow
무지개

the full moon
보름달

❶ 나는 무지개를 봤어.

I saw

❷ 나는 번개를 봤어.

❸ 우리는 보름달을 봤어.

• full moon은 '가득 찬 달', 즉 '보름달'을 뜻해요.

a fire truck
소방차

a police car
경찰차

an ambulance
구급차

❹ 나는 어제 경찰차를 봤다.

I saw   yesterday.

❺ 나는 어제 구급차를 봤다.

❻ 그는 어제 소방차를 봤다.

• saw 같은 과거형 동사는 주어에 따라 형태가 변하지 않아요.

I heard...

나는 ~을 들었다

I heard a harp.
하프 소리가 들렸어.

harp 하프

✦ hear(듣다)의 과거형은 heard(들었다)예요.

✦ 과거에 '나는 ~을 들었다'는 I heard...로
표현해요.

✦ 거인은 하프 소리가 들렸다면서 I heard...를
사용했어요.

기본패턴

I heard a car.	나는 차 소리를 들었어.
I heard a bell.	나는 종소리를 들었어.

bell 종

✦ I heard... 문장 끝에 in(~에서)과 장소를 넣어서 어디에서 들었는지 표현해요.

응용패턴

I heard a cat in the kitchen.	나는 부엌에서 고양이 소리를 들었다.
We heard a bear in the cave.	우리는 동굴에서 곰 소리를 들었다.

cat 고양이   kitchen 부엌   bear 곰   cave 동굴

Tip in the kitchen, in the cave처럼 장소를
나타내는 말은 보통 문장 끝에 와요.

Choose!

(I hear / I heard) a bell.   나는 종소리를 들었어.

86

Practice
패턴에 알맞은 표현을 넣어 문장을 완성하세요.

the news
소식, 뉴스

thunder
천둥

a siren
사이렌

① 나는 천둥소리를 들었다.

I heard

> • listen to는 일부러 듣는 것이고, hear는 소리가 들리는 거예요.

② 나는 사이렌 소리를 들었다.

③ 그들은 그 소식을 들었다.

music
음악

the story
그 이야기

a clock
시계

④ 나는 길에서 음악 소리를 들었다. + the street 길

I heard   in

⑤ 나는 방에서 시계 소리를 들었다. + the room 방

⑥ 우리는 교실에서 그 이야기를 들었다. + the classroom 교실

A 알맞은 문장에 ✔표를 하세요.

1. 나는 그 영화 봤어.

   ⓐ **I see** the movie.

   ⓑ **I saw** the movie.

2. 나는 종소리를 들었어.

   ⓐ **I heard** the bell.

   ⓑ **I hear** the bell.

3. 우리는 어제 너를 봤어.

   ⓐ We saw you **today**.

   ⓑ We saw you **yesterday**.

4. 그들은 부엌에서 고양이 소리를 들었다.

   ⓐ They heard a cat **in the kitchen**.

   ⓑ They heard a cat **on the kitchen**.

B 알맞은 표현을 써서 문장을 완성하세요.

saw	heard	in the street	yesterday

1. 나는 그 소식을 들었어.

   ➔ I _____ the news.

2. 나는 무지개를 봤어.

   ➔ I _____ a rainbow.

3. 우리는 어제 경찰차를 봤어.

   ➔ We saw a police car _____ .

4. 그는 거리에서 음악 소리를 들었다.

   ➔ He heard music _____ .

C 그림을 참고하여 상황에 알맞은 문장을 쓰세요.

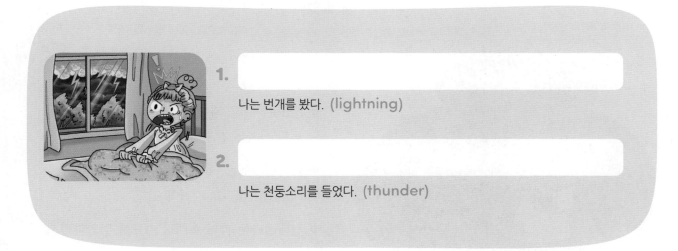

1. _____

나는 번개를 봤다. (lightning)

2. _____

나는 천둥소리를 들었다. (thunder)

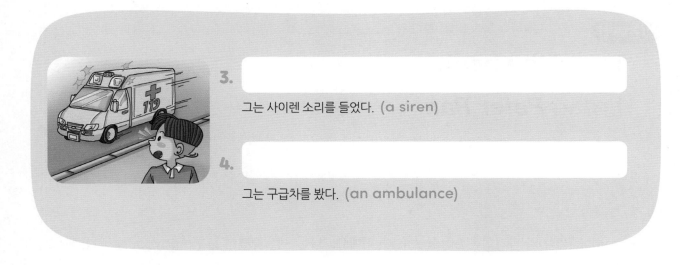

3. _____

그는 사이렌 소리를 들었다. (a siren)

4. _____

그는 구급차를 봤다. (an ambulance)

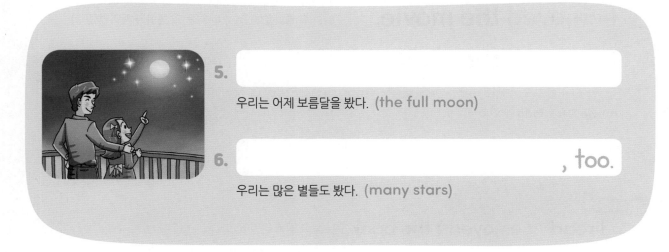

5. _____

우리는 어제 보름달을 봤다. (the full moon)

6. _____ , too.

우리는 많은 별들도 봤다. (many stars)

I read...

나는 ~을 읽었다

I read the card.
나는 카드를 읽었어.

나도 가고싶다...

card 카드

✦ read(읽다)의 과거형은 read(읽었다)예요. 둘의 철자는 같지만 발음이 달라요.

✦ 과거에 '나는 ~을 읽었다'라고 할 때는 I read[red]...로 시작해요.

✦ 신데렐라는 파티 초대장 카드를 읽었다면서 I read...를 사용했어요.

기본패턴

| I read **the book.** | 나는 그 책을 읽었어. |
| I read *Peter Pan.* | 나는 피터팬을 읽었어. |

book 책   Peter Pan 피터팬

✦ enjoy(즐기다)의 과거형은 enjoyed(즐겼다)예요. '나는 ~을 즐겼어'는 I enjoyed...를 사용해요.

응용패턴

| I enjoyed **the movie.** | 나는 그 영화를 즐겼다. (= 나는 그 영화가 재미있었다.) |
| I enjoyed **the food.** | 나는 그 음식을 즐겼다. (= 나는 그 음식이 맛있었다.) |

movie 영화   food 음식

Choose!

(**I read** / **I enjoyed**) **the book.** 나는 그 책을 읽었어.

90

Practice

패턴에 알맞은 표현을 넣어 문장을 완성하세요.

the letter
그 편지

the newspaper
신문

a storybook
동화책

❶ 나는 그 편지를 읽었다.

I read

❷ 나는 동화책을 읽었다.

❸ 그는 신문을 읽었다.

the party
그 파티

the trip
그 여행

the game
그 게임

❹ 나는 그 파티를 즐겼다.
(= 나는 그 파티가 즐거웠다.)

I enjoyed

❺ 나는 그 게임을 즐겼다.
(= 나는 그 게임이 재미있었다.)

❻ 우리는 그 여행을 즐겼다.
(= 우리는 그 여행이 즐거웠다.)

I played...
나는 (악기를) 연주했다 / 나는 (운동을) 했다

I played the pipe.
나는 피리를 연주했어요.

pipe 피리

✦ play에는 '놀다'라는 뜻 외에 '(악기를) 연주하다', '(운동을) 하다'라는 뜻도 있어요.

✦ play의 과거형은 played예요.

✦ 과거에 '나는 (악기를) 연주했다', '나는 (운동을) 했다'는 I played...로 표현해요.

기본패턴

I played the piano.	나는 피아노를 쳤다.
I played soccer.	나는 축구를 했다.

piano 피아노 soccer 축구

Tip 이때 악기 이름 앞에는 항상 the를 쓰지만, 운동 이름 앞에는 the를 쓰지 않아요.

✦ finish(끝내다)의 과거형은 finished예요. '나는 ~을 끝냈다'고 할 때는 I finished...를 사용해요.

응용패턴

I finished the book.	나는 그 책을 끝냈다. (= 나는 그 책을 다 읽었다.)
I finished my lunch.	나는 점심 식사를 끝냈다. (= 나는 점심을 다 먹었다.)

lunch 점심 식사

Choose!

(**I played** / **I finished**) **the book.** 나는 그 책을 다 읽었다.

Practice

패턴에 알맞은 표현을 넣어 문장을 완성하세요. 071 072

the drum	the violin	badminton
드럼, 북	바이올린	배드민턴

❶ 나는 바이올린을 연주했다.   I played

❷ 나는 드럼을 연주했다.

❸ 우리는 배드민턴을 쳤다.

the test	the puzzle	my homework
시험	퍼즐	내 숙제

❹ 나는 (내) 숙제를 끝냈다.   I finished

❺ 나는 시험을 끝냈다.
   (= 나는 시험을 다 봤다.)

❻ 그들은 퍼즐을 끝냈다.
   (= 그들은 퍼즐을 다 맞췄다.)

A 알맞은 문장에 ✔표를 하세요.

1. 나는 그 편지를 읽었다.
   ⓐ **I read** the letter.
   ⓑ **I played** the letter.

2. 그녀는 피아노를 쳤다.
   ⓐ **She play** the piano.
   ⓑ **She played** the piano.

3. 나는 그 파티를 즐겼다.
   (= 나는 그 파티가 즐거웠다.)
   ⓐ **I enjoyed** the party.
   ⓑ **I played** the party.

4. 나는 시험을 끝냈다.
   (= 나는 시험을 다 봤다.)
   ⓐ **I finish** the test.
   ⓑ **I finished** the test.

B 알맞은 표현을 써서 문장을 완성하세요.

read	played	enjoyed	finished

1. 나는 숙제를 끝냈다. → I _____ my homework.

2. 나는 바이올린을 연주했다. → I _____ the violin.

3. 그는 동화책을 읽었다. → He _____ a storybook.

4. 우리는 그 여행을 즐겼다.
   (= 우리는 그 여행이 즐거웠다.)
   → We _____ the trip.

C 그림을 참고하여 상황에 알맞은 문장을 쓰세요.

1.

나는 동화책을 읽었다. (a storybook)

2.

그는 신문을 읽었다. (the newspaper)

3.

나는 점심을 다 먹었다. (= 나는 점심 식사를 끝냈다.) (my lunch)

4.

나는 그 음식을 맛있게 먹었다. (= 나는 그 음식을 즐겼다.) (the food)

5.

우리는 축구를 했다. (soccer)

6.

그들은 북을 쳤다. (the drum)

I made...

나는 ~을 만들었다

I made soup.
나는 수프를 만들었어요.

soup 수프

✦ make(만들다)의 과거형은 made(만들었다)예요.

✦ 과거에 '나는 ~을 만들었다'는 I made...로 표현해요.

✦ 남자는 수프를 만들었다면서 I made...를 사용했어요.

기본패턴

I made a robot. 나는 로봇을 만들었다.

I made a cake for my dad. 나는 아빠를 위해 케이크를 만들었다.

robot 로봇   cake 케이크   dad 아빠

 '누구를 위해' 만들었는지 말할 때는 뒤에 for(~를 위해)를 붙여요.

✦ buy(사다)의 과거형은 bought(샀다)예요. '나는 ~을 샀다'는 I bought...를 사용해요.

응용패턴

I bought an eraser. 나는 지우개를 샀다.

I bought some bread for my mom. 나는 엄마를 위해 빵을 좀 샀다.

bread 빵

 '누구를 위해' 샀는지 말할 때는 뒤에 for(~를 위해)를 붙여요.

Choose!

(**I made** / **I bought**) **an eraser.** 나는 지우개를 샀다.

 패턴에 알맞은 표현을 넣어 문장을 완성하세요.

a snowman
눈사람

a tower
탑

a sandwich
샌드위치

❶ 나는 탑을 만들었다.

I made

❷ 나는 눈사람을 만들었다.

❸ 나는 엄마를 위해 샌드위치를 만들었다. + my mom 나의 엄마

a present
선물

scissors
가위

a notebook
공책

❹ 나는 공책을 샀다.

I bought

❺ 나는 가위를 샀다.

• '가위'는 날이 두 개라서 복수형인 scissor**s**를 사용해요.

❻ 나는 아빠를 위해 선물을 샀다. + my dad 나의 아빠

Pattern 26

I gave you...

나는 너에게 ~을 줬다

I gave you the ball.
내가 너한테 그 공을 줬잖아.

미안!

ball 공

✦ give(주다)의 과거형은 gave(줬다)예요.

✦ I gave you...는 '나는 너에게 ~을 줬다'라는 뜻이에요.

✦ I gave him/her...는 '나는 그/그녀에게 ~을 줬다'라는 뜻이에요.

기본패턴

I gave you the book.   나는 너에게 그 책을 줬어.

I gave him a candy.   나는 그에게 사탕을 줬어.

candy 사탕

✦ He/She gave me...는 '그는/그녀는 내게 ~을 줬다'라는 뜻이에요.

응용패턴

He gave me a cake.   그는 나에게 케이크를 줬다.

She gave me some water.   그녀는 나에게 물을 좀 줬다.

water 물

Choose!

(I gave him / He gave me) a cake.   그는 나에게 케이크를 줬다.

 패턴에 알맞은 표현을 넣어 문장을 완성하세요.

chocolate
초콜릿

a flower
꽃 한 송이

my phone number
내 전화번호

a birthday gift
생일 선물

a soccer ball
축구공

some money
약간의 돈

❶ 나는 너에게 초콜릿을 줬어.

I gave you

❷ 나는 그녀에게 꽃 한 송이를 줬어. + her 그녀에게

❸ 나는 그에게 내 전화번호를 줬어. + him 그에게

❹ 그는 나에게 축구공을 줬다.

He gave me

❺ 그는 나에게 돈을 좀 줬다.

❻ 그녀는 나에게 생일 선물을 줬다.

A 알맞은 문장에 ✔표를 하세요.

1. 나는 샌드위치를 만들었다.
   ⓐ **I made** a sandwich.
   ⓑ **I make** a sandwich.

2. 나는 지우개를 샀다.
   ⓐ **I buy** an eraser.
   ⓑ **I bought** an eraser.

3. 나는 그에게 사탕을 줬다.
   ⓐ **I give him** a candy.
   ⓑ **I gave him** a candy.

4. 그녀는 나에게 물을 좀 줬다.
   ⓐ **She gave me** some water.
   ⓑ **She gave her** some water.

B 알맞은 표현을 써서 문장을 완성하세요.

made	bought	gave him	gave me	for

1. 우리는 눈사람을 만들었다.
   → We _____ a snowman.

2. 나는 그에게 내 전화번호를 줬다.
   → I _____ my phone number.

3. 나는 아빠를 위해 선물을 샀다.
   → I _____ a present _____ my dad.

4. 그녀는 나에게 생일 선물을 줬다.
   → She _____ a birthday gift.

100

C 그림을 참고하여 상황에 알맞은 문장을 쓰세요.

1. _____

   나는 로봇을 만들었다. (a robot)

2. _____

   그는 탑을 만들었다. (a tower)

3. _____

   나는 공책을 샀다. (a notebook)

4. _____

   그는 가위를 샀다. (scissors)

5. _____

   나는 그 애한테 초콜릿을 줬다. (him, chocolate)

6. _____

   그 애는 나에게 꽃 한 송이를 줬다. (a flower)

Pattern 27

I needed...

나는 ~이 필요했다

I needed money.
나는 돈이 필요했어요.

money 돈

✦ need(필요하다)의 과거형은 needed
(필요했다)예요.

✦ 과거에 '나는 ~이 필요했다'는 I needed...로
표현해요.

✦ 피노키오는 돈이 필요했다면서 I needed...를
사용했어요.

기본패턴

I needed a towel.	나는 수건이 필요했다.
I needed some salt.	나는 소금이 좀 필요했다.

towel 수건   salt 소금

✦ forget(잊다)의 과거형은 forgot(잊었다)이에요. '나는 ~을 잊어버렸다'는 I forgot...을 사용해요.

응용패턴

I forgot his name.	나는 그의 이름을 잊어버렸다.
I forgot the key.	나는 열쇠를 깜박했다.

key 열쇠

Choose!

(I needed / I forgot) his name.   나는 그의 이름을 잊어버렸다.

102

Practice

패턴에 알맞은 표현을 넣어 문장을 완성하세요. 080 081

soap
비누

jam
잼

ketchup
케첩

❶ 나는 잼이 필요했다.   I needed

❷ 나는 케첩이 필요했다.

❸ 나는 비누가 필요했다.

my umbrella
내 우산

my glasses
내 안경

his birthday
그의 생일

❹ 나는 내 우산을 깜박했다.    I forgot

❺ 나는 내 안경을 깜박했다.

● '안경'은 유리 렌즈가 두 개여서 복수형인 glass**es**를 사용해요.

❻ 나는 그의 생일을 잊어버렸다.

Pattern 28

I lost...

나는 ~을 잃어버렸다

I lost my shadow.
나는 내 그림자를 잃어버렸어.

shadow 그림자

✦ lose(잃어버리다)의 과거형은 lost(잃어버렸다)예요.

✦ 과거에 '나는 ~을 잃어버렸다'는 I lost...로 표현해요.

✦ 피터팬은 자신의 그림자를 잃어버렸다면서 I lost...로 말했어요.

기본패턴

I lost my notebook.   나는 내 공책을 잃어버렸어.

I lost my umbrella this afternoon.   나는 오늘 오후에 내 우산을 잃어버렸어.

notebook 공책   umbrella 우산

 Tip '오늘 오후'는 this afternoon, '오늘 아침'은 this morning이라고 해요.

✦ find(찾다)의 과거형은 found(찾았다)예요. '나는 ~을 찾았다'는 I found...를 사용해 나타내요.

응용패턴

I found the cave.   나는 동굴을 발견했어.

I found the ring on the desk.   나는 책상 위에서 그 반지를 찾았어.

ring 반지

 Tip I found... 문장 끝에 on(~ 위에서), under(~ 아래에서) 등을 써서 어디에서 찾았는지 말할 수 있어요.

Choose!

(I lost / I found) my notebook.   나는 내 공책을 잃어버렸어.

104

 **Practice** 패턴에 알맞은 표현을 넣어 문장을 완성하세요.

my phone
내 핸드폰

my pencil case
내 필통

my diary
내 일기장

❶ 나는 내 필통을 잃어버렸어.

I lost

❷ 나는 내 일기장을 잃어버렸어.

❸ 나는 오늘 오후에 내 핸드폰을 잃어버렸어. + this afternoon 오늘 오후

● '핸드폰'은 cell phone이지만, 간단히 phone이라고 할 때가 많아요.

a pen
펜

my gloves
내 장갑

the treasure
보물

❹ 나는 내 장갑을 찾았어.

I found

❺ 나는 보물을 발견했다.

❻ 그는 바닥에서 펜을 발견했다. + on the floor 바닥에서

A 알맞은 문장에 ✔표를 하세요.

1. 나는 비누가 필요했다.
   ⓐ **I need** soap.
   ⓑ **I needed** soap.

2. 나는 그의 이름을 잊어버렸다.
   ⓐ **I forgot** his name.
   ⓑ **I forget** his name.

3. 나는 우산을 잃어버렸어.
   ⓐ **I lost** my umbrella.
   ⓑ **I found** my umbrella.

4. 나는 바닥에서 펜을 발견했다.
   ⓐ **I find** a pen on the floor.
   ⓑ **I found** a pen on the floor.

B 알맞은 표현을 써서 문장을 완성하세요.

needed	forgot	lost	found

1. 나는 내 장갑을 잃어 버렸다.
   → I _____ my gloves.

2. 나는 내 안경을 깜박 했다.
   → I _____ my glasses.

3. 그녀는 소금이 좀 필요했다.
   → She _____ some salt.

4. 그는 책상 위에서 그 반지를 발견했다.
   → He _____ the ring on the desk.

C 그림을 참고하여 상황에 알맞은 문장을 쓰세요.

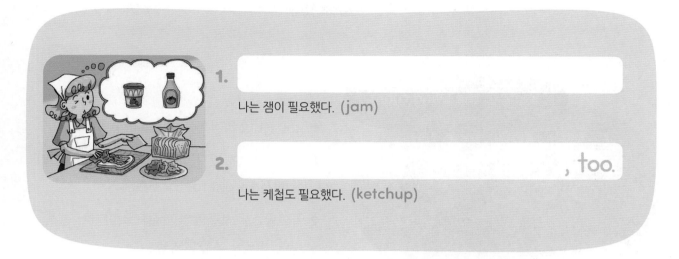

1. _____

나는 잼이 필요했다. (jam)

2. _____, too.

나는 케첩도 필요했다. (ketchup)

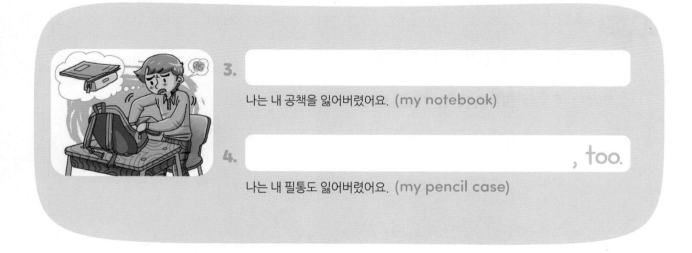

3. _____

나는 내 공책을 잃어버렸어요. (my notebook)

4. _____, too.

나는 내 필통도 잃어버렸어요. (my pencil case)

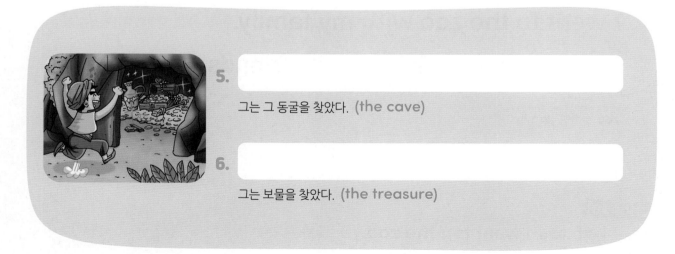

5. _____

그는 그 동굴을 찾았다. (the cave)

6. _____

그는 보물을 찾았다. (the treasure)

I went to...

나는 ~로/에 갔다

I went to the living room.
나는 거실로 갔어요.

living room 거실

✦ go(가다)의 과거형은 went(갔다)예요.

✦ '나는 ~로/에 갔다'라고 말할 때는 to(~로/에)를 써서 I went to...로 표현해요.

✦ 골디락스는 오두막의 거실로 갔다면서 I went to...로 말했어요.

기본패턴

I went to **the hospital.**　　　　　나는 병원에 갔다.

I went to **Mina's house.**　　　　　나는 미나의 집에 갔다.

hospital 병원　Mina's house 미나의 집

✦ 누구와 '함께' 갔는지는 with(~와 함께)를 써서 표현해요.

응용패턴

I went to **the zoo with my family.**　　나는 나의 가족과 동물원에 갔다.

I went to **the movies with my friends.**　나는 친구들과 극장에 갔다.

zoo 동물원　family 가족

Choose!

(I go to / I went to) the zoo.　나는 동물원에 갔다.

 **Practice** 패턴에 알맞은 표현을 넣어 문장을 완성하세요.

the bakery
빵집

the supermarket
슈퍼마켓

the playground
놀이터

❶ 나는 빵집에 갔다.

I went to

❷ 나는 놀이터에 갔다.

❸ 나의 엄마는 슈퍼마켓에 가셨다. + my mom 나의 엄마

the bank
은행

the museum
박물관

the church
교회

❹ 나는 엄마와 은행에 갔다. + my mom 나의 엄마

I went to   with

❺ 나는 아빠와 박물관에 갔다. + my dad 나의 아빠

❻ 나는 줄리와 교회에 갔다. + Julie 줄리

He came to...

그는 ~로/에 왔다

He came to my house.
그가 우리 집으로 왔어.

house 집

✦ come(오다)의 과거형은 came(왔다)이에요.

✦ '그는 ~로/에 왔다'라고 말할 때는 to(~로/에)
를 써서 He came to...로 표현해요.

✦ 아기돼지는 늑대가 자기 집으로 왔다면서
He came to...를 사용했어요.

기본패턴

He came to the party.	그는 그 파티에 왔다.
Mom came to my room.	엄마가 내 방으로 왔다.

party 파티

✦ '지난주'에 왔다고 하려면 I came to... 문장 끝에 last week(지난주에)를 써요.

응용패턴

I came to Seoul last week.	나는 지난주에 서울에 왔다.
She came to Busan last week.	그녀는 지난주에 부산에 왔다.

Seoul 서울   Busan 부산

 Tip last week는 last(지난)와 week(주)를 써서 '지난주'라는 뜻이 됐어요.

Choose!

(He went to / He came to) the party.   그는 그 파티에 왔다.

Practice

패턴에 알맞은 표현을 넣어 문장을 완성하세요.

the restaurant
그 식당

the park
그 공원

my house
나의 집

❶ 그는 그 공원으로 왔다.

He came to

❷ 그녀는 그 식당으로 왔다.

❸ 산타가 나의 집에 왔다. + Santa 산타

Korea
한국

America
미국

my school
나의 학교

❹ 나는 지난주에 미국에 왔다.

I came to   last week.

❺ 그녀는 지난주에 한국에 왔다.

❻ 그는 지난주에 나의 학교에 왔다.

A 알맞은 문장에 √표를 하세요.

1. 나는 빵집에 갔다.
   ⓐ **I go to** the bakery.
   ⓑ **I went to** the bakery.

2. 그녀는 식당으로 왔다.
   ⓐ **She went to** the restaurant.
   ⓑ **She came to** the restaurant.

3. 그녀가 지난주에 서울에 왔다.
   ⓐ She came to Seoul **last week**.
   ⓑ She came to Seoul **this week**.

4. 나는 아빠와 박물관에 갔다.
   ⓐ I went to the museum **for my dad**.
   ⓑ I went to the museum **with my dad**.

B 알맞은 표현을 써서 문장을 완성하세요.

went to	came to	last week	with my family

1. 산타가 내 방으로 왔다. ➡ Santa _____ my room.

2. 우리는 도서관에 갔다. ➡ We _____ the library.

3. 나는 나의 가족과 동물원에 갔다. ➡ I went to the zoo _____ .

4. 그녀가 지난주에 나의 학교에 왔다. ➡ She came to my school _____ .

C 그림을 참고하여 상황에 알맞은 문장을 쓰세요.

1. _____

나는 놀이터에 갔다. (the playground)

2. _____

민수가 놀이터에 왔다. (Minsu, the playground)

3. _____

나의 엄마는 은행에 가셨다. (my mom, the bank)

4. _____

나의 아빠는 병원에 가셨다. (my dad, the hospital)

5. _____

빌리는 미국으로 갔다. (Billy, America)

6. _____

줄리는 한국으로 왔다. (Julie, Korea)

A 사진을 보고 알맞은 단어를 고르세요.

1.

    I saw (rainbow / lightning).

    I heard (thunder / siren).

2.

    I bought a (cake / robot).

    I bought a (flower / present).

3.

    I needed (a pencil case / an eraser).

    I needed (a notebook / scissors).

4.

    She made (salad / a sandwich) for me.

    She made (juice / milk) for me.

5.

    I went to the (bookstore / bakery).

    I bought some (jam / bread).

6.

    I gave him (a candy / chocolates).

    I gave him (flowers / ketchup).

B 알맞은 패턴과 표현을 찾아서 연결하세요.

1. 나는 동굴을 발견했다. · · I saw · · his name.

2. 나는 그의 이름을 잊어버렸다. · · I found · · a rainbow.

3. 나는 무지개를 봤다. · · I went to · · the park.

4. 나는 공원에 갔다. · · I forgot · · a cave.

5. 나는 수건이 필요했다. · · I heard · · the trip.

6. 나는 지우개를 샀다. · · I needed · · an eraser.

7. 나는 그 소식을 들었다. · · I bought · · the news.

8. 나는 그 여행을 즐겼다. · · I enjoyed · · a towel.

C 빈칸에 알맞은 표현을 써서 문장을 완성하세요.

1.

   ❶ [   ] a police car yesterday.

   ❷ [   ] sirens.

   나는 어제 경찰차를 봤다. / 나는 사이렌 소리를 들었다.

2.

   ❶ [   ] a storybook.

   ❷ [   ] my homework.

   나는 동화책을 읽었다. / 나는 숙제를 끝냈다.

3.

   ❶ [   ] badminton.

   ❷ [   ] the game.

   우리는 배드민턴을 쳤다. / 우리는 게임을 즐겼다.

4.

   ❶ [   ] a snowman.

   ❷ [   ] my gloves.

   나는 눈사람을 만들었다. / 나는 장갑을 잃어버렸다.

5.

   ❶ [   ] money.

   ❷ [   ] some money.

   나는 돈이 필요했다. / 그는 나에게 돈을 좀 줬다.

D 빈칸에 알맞은 표현을 써서 글을 완성하세요.

Today was Julie's birthday.

I bought a present for her.

❶ [＿＿＿＿＿＿＿] her birthday

party. ❷ [＿＿＿＿＿＿＿] the present.

She was very happy. I enjoyed the party.

➡️ 오늘은 줄리의 생일이었다. 나는 그 애를 위해 선물을 샀다. 나는 그녀의 **생일 파티에 갔다**.
나는 그녀에게 선물을 줬다. 그녀는 무척 행복해했다. 나는 파티가 즐거웠다.

Sally came to my house

today. ❸ [＿＿＿＿＿＿＿] a

tower together. We read a

storybook. ❹ [＿＿＿＿＿＿＿] a movie.

We had a great time.

➡️ 샐리가 오늘 나의 집에 왔다. **우리는 함께 탑을 만들었다**. 우리는 동화책을 읽었다.
우리는 영화를 봤다.(see) 우리는 아주 즐거운 시간을 보냈다.

다음 문장을
영어로 표현할 수 있나요?

☐ 나는 자전거를 갖고 싶어.

☐ 우리는 아이스크림이 먹고 싶어.

☐ 나는 양치하기 싫어.

☐ 영화 보고 싶어?

☐ 그는 캠핑 가고 싶어 해.

*Point

like, have와 함께 want도 가장 많이 사용하는 일반동사 중 하나입니다. 〈주어＋want＋목적어〉 형태의 문장을 만들면서 영어의 3형식 어순에 더욱 익숙해집니다. 원하는 것이 명사일 때는 want, 원하는 것이 동사일 때는 want to를 사용하면서 to부정사를 경험하게 됩니다. 이어서 I tried to..., He started to... 패턴을 연습하면서 to부정사에 대한 감각을 쌓게 됩니다.

Week 4

want 패턴
원하는 것 표현하기

Pattern 31

I want...

나는 ~을 원한다 / 나는 ~을 갖고 싶다

I want new clothes.
나는 새 옷을 원해.

new 새로운 clothes 옷

✦ want는 '원하다'라는 뜻이에요.

✦ 내가 원하는 것이나 갖고 싶은 것이 있으면
I want...를 사용해요.

✦ I want 뒤에 bike(자전거), pizza(피자)와
같은 *명사를 넣어 보세요.

기본패턴

> **I want a bike.**   나는 자전거를 갖고 싶어.
>
> **I want pizza.**   나는 피자를 먹고 싶어.

bike 자전거 **pizza** 피자

 먹고 싶은 것을 말할 때도 I want...를
이용하면 돼요.

✦ 주어를 We/They로 바꿔서 우리가/그들이 원하는 것을 표현해 보세요.

응용패턴

> **We want ice cream.**   우리는 아이스크림을 원해요.
>
> **They want some water.**   그들은 물을 좀 마시고 싶어 해요.

ice cream 아이스크림 **some** 조금, 약간

 명사: 이름을 나타내는 말
예 apple 사과 desk 책상 bike 자전거

Choose!

(I like / **I want**) a bike. 나는 자전거를 갖고 싶어.

120

Practice
패턴에 알맞은 표현을 넣어 문장을 완성하세요. 092 093

a hamburger
햄버거

a puppy
강아지

a new bag
새 가방

❶ 나는 강아지를 갖고 싶어.

I want

❷ 나는 새 가방을 갖고 싶어.

❸ 나는 햄버거가 먹고 싶어.

• I want a hamburger, please.처럼 뒤에 please를 붙이면 보다 공손한 표현이 돼요.

bread
빵

a Coke
콜라

new shoes
새 신발

❹ 우리는 새 신발을 갖고 싶어요.

We want

❺ 우리는 빵을 좀 먹고 싶어요.
+ some 좀, 약간

❻ 그들은 콜라를 마시고 싶어 해요.

I want to...

나는 ~하고 싶다

I want to go home.
저는 집에 가고 싶어요.

go home 집에 가다

✦ 내가 하고 싶은 것을 말할 때는 I want to 뒤에 *동사를 써요.

✦ 도로시는 집에 가고 싶다면서 I want to 뒤에 go home을 썼어요.

✦ 〈I want + 명사〉는 '나는 ~을 원한다'이고, 〈I want to + 동사〉는 '나는 ~하고 싶다'예요.

기본패턴

I want to sing.   나는 노래하고 싶어.

I want to be a pilot.   나는 조종사가 되고 싶어.

sing 노래하다   be 되다   pilot 조종사

✦ 주어를 We/They로 바꿔서 우리가/그들이 하고 싶은 것을 표현해 보세요.

응용패턴

We want to swim.   우리는 수영하고 싶어요.

They want to play soccer.   그들은 축구를 하고 싶어 해요.

swim 수영하다   play soccer 축구를 하다

 동사: 움직임이나 상태를 나타내는 말
예 swim 수영하다   play 놀다

Choose!

(I want / **I want to**) sing.   나는 노래하고 싶어.

Practice

패턴에 알맞은 표현을 넣어 문장을 완성하세요. 095 096

watch TV
TV를 보다

be an artist
화가가 되다

go to the bathroom
화장실에 가다

❶ 나는 TV를 보고 **싶어.**

I want to

• '텔레비전'은 television 또는 줄여서 TV라고 해요.

❷ 나는 화장실에 가고 **싶어.**

❸ 나는 화가가 되고 **싶어.**

• 장래희망을 말할 때는 I want to be...(나는 ~이 되고 싶다)를 자주 사용해요.

see a movie
영화를 보다

go camping
캠핑을 가다

play outside
밖에서 놀다

❹ 우리는 영화를 보고 **싶어요.**

We want to

❺ 우리는 캠핑을 가고 **싶어요.**

❻ 그들은 밖에서 놀고 **싶어 해요.**

A 알맞은 문장에 ✓표를 하세요.

1. 나는 강아지를 갖고 싶어.
   - ⓐ **I want** a puppy.
   - ⓑ **I have** a puppy.

2. 나는 노래하고 싶어.
   - ⓐ **I want** sing.
   - ⓑ **I want to** sing.

3. 우리는 햄버거를 먹고 싶어요.
   - ⓐ **We want** a hamburger.
   - ⓑ **We want to** hamburger.

4. 그들은 축구를 하고 싶어 해요.
   - ⓐ **They want** play soccer.
   - ⓑ **They want to** play soccer.

B 알맞은 표현을 써서 문장을 완성하세요.

I want	I want to	We want	They want to

1. 나는 새 신발을 갖고 싶어.
   → _____ new shoes.

2. 우리는 피자를 먹고 싶어요.
   → _____ pizza.

3. 나는 화장실에 가고 싶어.
   → _____ go to the bathroom.

4. 그들은 영화를 보고 싶어 해요.
   → _____ see a movie.

C 그림을 참고하여 상황에 알맞은 문장을 쓰세요.

1. _____
저는 빵을 좀 먹고 싶어요. (some, bread)

2. _____
저는 아이스크림을 먹고 싶어요. (ice cream)

3. _____
나는 조종사가 되고 싶어. (be a pilot)

4. _____
나는 화가가 되고 싶어. (be an artist)

5. _____
우리는 TV를 보고 싶어. (watch TV)

6. _____
그들은 밖에서 놀고 싶어 해. (play outside)

Pattern 33

I don't want to...

나는 ~하고 싶지 않다 / 나는 ~하기 싫다

> **I don't want to die.**
> 나는 죽고 싶지 않아.
>
> die 죽다

✦ 내가 하고 싶지 않은 것을 말할 때는
I don't want to...를 사용해요.

✦ don't은 do not의 줄임말로 '~하지 않다'
라는 뜻이에요.

✦ 피노키오는 죽고 싶지 않다면서 I don't
want to...를 사용했어요.

기본패턴

I don't want to run.	나는 달리고 싶지 않아.
I don't want to know.	나는 알고 싶지 않아.

run 달리다 know 알다

✦ 주어를 We/They로 바꿔서 '우리는/그들은 ~하고 싶지 않다'라고 표현해 봐요.

응용패턴

We don't want to sleep now.	우리는 지금 자고 싶지 않아요.
They don't want to dance.	그들은 춤추고 싶어 하지 않아요.

sleep 자다 now 지금 dance 춤추다

Choose!

(**I want to** / **I don't want to**) **run.** 나는 달리고 싶지 않아.

126

 **Practice** 패턴에 알맞은 표현을 넣어 문장을 완성하세요.

fight
싸우다

study
공부하다

brush my teeth
내 이를 닦다, 양치하다

❶ 나는 공부하고 싶지 않아.

<u>I don't want to</u>

❷ 나는 싸우고 싶지 않아.

❸ 나는 양치하기 싫어요.

• I don't want to...는 '나는 ~하기 싫다'라는 뜻도 돼요.

take a bath
목욕을 하다

be late
늦다

eat carrots
당근을 먹다

❹ 우리는 당근 먹기 싫어요.

<u>We don't want to</u>

❺ 우리는 늦고 싶지 않아요.

❻ 그들은 목욕하기 싫어해요.

Do you want...?
너는 ~을 원해?

Do you want some bread?
빵 좀 드릴까요?

bread 빵

✦ 상대방에게 뭔가를 원하는지 물을 때는
Do you want...? 뒤에 명사를 써요.

✦ 빨간 모자는 할머니에게 빵을 원하는지 묻기
위해 Do you want...?를 사용했어요.

기본패턴

Do you want this book?　　　　　이 책을 줄까요?

Do you want some milk?　　　　우유를 좀 줄까요?

milk 우유

✦ Do you want to...? 뒤에 동사를 쓰면 '너는 ~하고 싶어?'라는 뜻이 돼요.

응용패턴

Do you want to go home?　　　　집에 가고 싶어?

Do you want to see a movie?　　영화 보고 싶어?

go 가다　home 집　see 보다

> **Tip** 〈Do you want + 명사?〉 너는 ~을 원해?, ~ 좀 줄까?
> 〈Do you want to + 동사?〉 너는 ~하고 싶어?

Choose!

(**Do you want** / **Do you want to**) **go home?** 집에 가고 싶어?

128

 패턴에 알맞은 표현을 넣어 문장을 완성하세요.

a balloon
풍선

popcorn
팝콘

juice
주스

❶ 풍선을 줄까요?　Do you want

❷ 주스를 좀 줄까요?
+ some 좀, 약간

❸ 팝콘을 좀 줄까요?
+ some 좀, 약간

ride a bike
자전거 타다

go to the park
공원에 가다

go to bed
자다

❹ 공원에 가고 싶어?　Do you want to

❺ 자전거 타고 싶어?

❻ 자고 싶어?

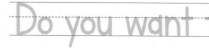 • go to bed는 '침대로 가다', 즉 '자다'라는 뜻이에요.

A 알맞은 문장에 √표를 하세요.

1. 나는 양치하기 싫어요.
ⓐ **I want to** brush my teeth.
ⓑ **I don't want to** brush my teeth.

2. 우리는 싸우고 싶지 않아요.
ⓐ **We don't want to** fight.
ⓑ **We do want to** fight.

3. 우유를 좀 줄까요?
ⓐ **Do you want** some milk?
ⓑ **Do you want to** some milk?

4. 집에 가고 싶어?
ⓐ **Do you want** go home?
ⓑ **Do you want to** go home?

B 알맞은 표현을 써서 문장을 완성하세요.

I don't want to   We don't want to   Do you want   Do you want to

1. 나는 춤추고 싶지 않아.
➡ _____ dance.

2. 풍선을 줄까요?
➡ _____ a balloon?

3. 영화를 보고 싶어?
➡ _____ see a movie?

4. 우리는 당근 먹기 싫어.
➡ _____ eat carrots.

C 그림을 참고하여 상황에 알맞은 문장을 쓰세요.

1. _____
   나는 공부하기 싫어. (study)

2. _____
   나는 TV 보고 싶어. (watch TV)

3. _____
   빵 좀 먹을래? (some, bread)

4. No. _____
   아뇨. 저는 팝콘을 좀 먹고 싶어요.
   (some, popcorn)

5. _____
   _____
   공원에 가고 싶니? (go to the park)

6. Yes. _____
   _____ there.
   네. 저는 거기에서 자전거 타고 싶어요.
   (ride my bike)

He wants to...

그는 ~하고 싶어 한다

He wants to be a king.
그는 왕이 되고 싶어 해요.

ㅋㅋㅋ

깍~

be 되다 king 왕

✦ He/She가 하고 싶은 것을 말할 때는 s를 붙인 wants를 사용해요.

✦ He/She wants to...는 '그는/그녀는 ~하고 싶어 한다' 라는 뜻이에요.

✦ 남자 당나귀가 왕이 되고 싶어 하므로 He wants to...를 사용했어요.

기본패턴

He wants to play more.
그는 더 놀고 싶어 해요.

She wants to be a doctor.
그녀는 의사가 되고 싶어 해요.

play 놀다 more 더 doctor 의사

 I want to play more. 나는 더 놀고 싶어.
She wants to play more. 그녀는 더 놀고 싶어 해.

✦ He/She가 하기 싫어한다고 할 때는 don't 대신 doesn't을 사용해요.

응용패턴

He doesn't want to fight.
그는 싸우고 싶어 하지 않아요.

She doesn't want to go to bed.
그녀는 자고 싶어 하지 않아요.

fight 싸우다 go to bed 자다

 I don't want to fight. 나는 싸우고 싶지 않아.
He doesn't want to fight. 그는 싸우고 싶어 하지 않아.

Choose!

(He want to / **He wants to**) be a doctor. 그는 의사가 되고 싶어 해요.

132

 **Practice** 패턴에 알맞은 표현을 넣어 문장을 완성하세요.

play basketball
농구를 하다

go to the mountain
산에 가다

be a police officer
경찰관이 되다

① 그는 농구를 하고 **싶어 해요.**

He wants to

② 그는 경찰관이 되고 **싶어 해요.**

③ 그녀는 산에 가고 **싶어 해요.**

clean his room
그의 방을 청소하다

wash the dishes
설거지하다

do his homework
그의 숙제를 하다

④ 그는 방을 청소하기 **싫어해요.**

He doesn't want to

⑤ 그는 숙제하기 **싫어해요.**

• He don't want 또는 He doesn't wants로 잘못 쓰지 않도록 주의해요.

⑥ 그녀는 설거지하기 **싫어해요.**

Pattern 35　133

The wolf wants to...

그 늑대는 ~하고 싶어 한다

The wolf wants to eat them.
그 늑대는 그들을 잡아먹고 싶어 해요.

wolf 늑대   eat 먹다

✦ want to 앞에 다양한 주어를 넣어 봐요.

✦ The wolf(그 늑대)는 단수이므로 s를 붙인 wants를 사용했어요.

✦ 단수 주어 뒤에 wants to를 써서 '~은 ~하고 싶어 한다'라고 표현해 봐요.

기본패턴

Amy wants to be a teacher.   에이미는 선생님이 되고 싶어 해요.

My mom wants to go shopping.   나의 엄마는 쇼핑하러 가고 싶어 해요.

teacher 선생님   go shopping 쇼핑하러 가다

✦ 복수 주어 뒤에 want to...를 써서 '~들은 ~하고 싶어 한다'라고 표현해 봐요.

응용패턴

The boys want to play basketball.   남자아이들은 농구를 하고 싶어 해.

The kids want to go swimming.   아이들은 수영하러 가고 싶어 해.

boy 남자아이   basketball 농구   kid 아이
go swimming 수영하러 가다

 Tip Amy, mom은 단수라서 wants를 쓰고, boys, kids는 복수라서 want를 써요.

Choose!

My mom (want to / wants to) go shopping.   나의 엄마는 쇼핑하러 가고 싶어 해요.

 **Practice** 패턴에 알맞은 표현을 넣어 문장을 완성하세요.

travel the world
세계를 여행하다

go to the river
강에 가다

be a chef
요리사가 되다

❶ 나의 아빠는 강에 가고 **싶어 해요.** + my dad 나의 아빠

My dad wants to

• My dad는 단수라서 wants를 써요.

❷ 빌은 세계를 여행하고 **싶어 해.** + Bill 빌

❸ 그 여자는 요리사가 되고 **싶어 해요.** + the woman 그 여자

go to the zoo
동물원에 가다

have a pet
반려동물을 갖다

build a house
집을 짓다

❹ 돼지들은 집을 짓고 **싶어 해.** + the pigs 돼지들

The pigs want to

• pigs는 복수라서 want를 써요.

❺ 그 아이들은 반려동물을 갖고 **싶어 해.** + the kids 그 아이들

❻ 그 학생들은 동물원에 가고 **싶어 해.** + the students 그 학생들

A 알맞은 문장에 ✔표를 하세요.

1. 그녀는 쇼핑하러 가고
   싶어 해요.
   - ⓐ **She wants to** go shopping.
   - ⓑ **She want to** go shopping.

2. 그는 설거지하고 싶어 하지
   않아요.
   - ⓐ **He don't want to** wash the dishes.
   - ⓑ **He doesn't want to** wash the dishes.

3. 빌은 세계를 여행하고
   싶어 해.
   - ⓐ **Bill want to** travel the world.
   - ⓑ **Bill wants to** travel the world.

4. 그 학생들은 동물원에 가고
   싶어 해.
   - ⓐ **The students want to** go to the zoo.
   - ⓑ **The students wants to** go to the zoo.

B 알맞은 표현을 써서 문장을 완성하세요.

| want to | wants to | doesn't want to | wants to |

1. 그는 농구를 하고
   싶어 해요.
   → He _____ play basketball.

2. 그녀는 방을 청소하기
   싫어해요.
   → She _____ clean her room.

3. 그 아이는 반려동물을
   갖고 싶어 해.
   → The kid _____ have a pet.

4. 돼지들은 집을 짓고
   싶어 해.
   → The pigs _____ build a house.

C 그림을 참고하여 상황에 알맞은 문장을 쓰세요.

1.
빌은 자고 싶어 하지 않아. (Bill, go to bed)

2.
그는 더 놀고 싶어 해. (play more)

3.
수미는 의사가 되고 싶어 하지 않아. (Sumi, be a doctor)

4.
그녀는 선생님이 되고 싶어 해. (be a teacher)

5.
나의 아빠는 산에 가고 싶어 해. (my dad, go to the mountain)

6. But
하지만 우리는 강에 가고 싶어. (go to the river)

Pattern 37

I wanted to...

나는 ~하고 싶었다

I wanted to play with you.
나는 당신과 놀고 싶었어요.

play 놀다   with ~와

✦ want(원하다)의 과거형은 wanted(원했다) 예요.

✦ 내가 과거에 하고 싶었던 것을 말할 때는 I wanted to...를 사용해요.

✦ 개구리 왕자는 과거에 공주와 놀고 싶었다며 I wanted to...를 사용했어요.

기본패턴

I wanted to **see you.**　　　　　　나는 너를 보고 싶었다.

I wanted to **travel the world.**　　나는 세계를 여행하고 싶었다.

travel 여행하다   world 세계

비교 I **want** to see you. 나는 너를 보고 싶어. (현재)
I **wanted** to see you. 나는 너를 보고 싶었어. (과거)

✦ 과거에 하고 싶었던 일은 주어에 상관없이 항상 wanted를 사용해요.

응용패턴

She wanted to **go to the party.**　　그녀는 파티에 가고 싶었다.

Jack wanted to **read the book.**　　잭은 그 책을 읽고 싶었다.

read 읽다

Choose!

(She wants to / She wanted to) go to the party. 그녀는 파티에 가고 싶었다.

 패턴에 알맞은 표현을 넣어 문장을 완성하세요.

go to the bookstore
서점에 가다

make a pizza
피자를 만들다

play with my friends
내 친구들과 놀다

❶ 나는 피자를 만들고 **싶었다.**

I wanted to

❷ 나는 서점에 가고 **싶었다.**

❸ 나는 내 친구들과 놀고 **싶었다.**

● with는 '~와 함께'라는 말이에요.

see the show
그 공연을 보다

buy the book
그 책을 사다

get a prize
상을 받다

❹ 우리는 그 공연을 보고 **싶었다.**

We wanted to

❺ 그는 상을 받고 **싶었다.**

❻ 줄리는 그 책을 사고 **싶었다.** + Julie 줄리

I didn't want to...

나는 ~하고 싶지 않았다 / 나는 ~하기 싫었다

> **I didn't want to work.**
> 나는 일하기 싫었어요.
>
> work 일하다

◆ 내가 과거에 하고 싶지 않았던 것을 말할 때는 I didn't want to...를 사용해요.

◆ didn't은 did not의 줄임말로 '~하지 않았다'라는 뜻이에요.

◆ 베짱이는 과거에 일하고 싶지 않았다면서 I didn't want to...를 사용했어요.

기본패턴

I didn't want to clean my room. 나는 방을 청소하기 싫었다.

I didn't want to come here. 나는 여기에 오기 싫었다.

clean 청소하다   come 오다   here 여기

비교 I **don't** want to clean my room. 나는 방을 청소하기 싫다. (현재)
I **didn't** want to clean my room. 나는 방을 청소하기 싫었다. (과거)

◆ 과거에 하기 싫었던 일은 주어에 상관없이 항상 didn't want to를 사용해요.

응용패턴

He didn't want to die. 그는 죽고 싶지 않았다.

She didn't want to go out. 그녀는 나가기 싫었다.

die 죽다   go out 나가다

Choose!

(**I don't want to** / **I didn't want to**) **clean my room.** 나는 방을 청소하기 싫었다.

 **Practice** 패턴에 알맞은 표현을 넣어 문장을 완성하세요. 113 114

| wash my face | take a shower | lie |
| 세수하다 | 샤워하다 | 거짓말하다 |

❶ 나는 거짓말하고 싶지 않았다.

I didn't want to

❷ 나는 세수하기 싫었다.

• wash my face는 '내 얼굴을 씻다', 즉 '세수하다'예요.

❸ 나는 샤워하기 싫었다.

• shower는 '샤워'이고, take a shower는 '샤워하다'예요.

| go to the hospital | get a shot | lose the game |
| 병원에 가다 | 주사를 맞다 | 경기에 지다 |

❹ 우리는 경기에 지고 싶지 않았다.

We didn't want to

❺ 그녀는 병원에 가기 싫었다.

❻ 그는 주사 맞기 싫었다.

A 알맞은 문장에 ✔표를 하세요.

1. 나는 네가 보고 싶었어.
   ⓐ **I want to** see you.
   ⓑ **I wanted to** see you.

2. 그녀는 상을 받고 싶었다.
   ⓐ **She wanted to** get a prize.
   ⓑ **She wants to** get a prize.

3. 나는 거짓말하기 싫었어.
   ⓐ **I don't want to** lie.
   ⓑ **I didn't want to** lie.

4. 그는 죽고 싶지 않았다.
   ⓐ **He didn't want to** die.
   ⓑ **He doesn't want to** die.

B 알맞은 표현을 써서 문장을 완성하세요.

| wanted to | didn't want to | wanted to | didn't want to |

1. 나는 피자를 만들고
   싶었다.
   → I _____ make a pizza.

2. 나는 내 방을 청소하기
   싫었다.
   → I _____ clean my room.

3. 그는 그 공연을 보고
   싶었다.
   → He _____ see the show.

4. 잭은 샤워하고 싶지
   않았다.
   → Jack _____ take a shower.

142

C 그림을 참고하여 상황에 알맞은 문장을 쓰세요.

1.

나는 그 파티에 가고 싶었다. (go to the party)

2.

나는 내 친구들과 놀고 싶었다. (play with my friends)

3.

나는 병원에 가고 싶지 않았다. (go to the hospital)

4.

나는 주사 맞기 싫었다. (get a shot)

5.

잭은 서점에 가고 싶었다. (Jack, go to the bookstore)

6.

그는 책을 사고 싶었다. (buy a book)

He started to...

그는 ~하기 시작했다

He started to snore.
그는 코를 골기 시작했어요.

snore 코를 골다

✦ start(시작하다)의 과거형은 started(시작했다) 예요.

✦ He started to...는 '그는 ~하기 시작했다' 라는 뜻이에요.

✦ 거인이 코를 골기 시작했다면서 He started to...를 사용했어요.

기본패턴

They started to fight.   그들은 싸우기 시작했다.

The fox started to swim.   그 여우는 헤엄치기 시작했다.

fight 싸우다

 과거형 동사는 주어에 따라 형태가 변하지 않아요.

✦ begin(시작하다)의 과거형은 began(시작했다)이에요. began to...(~하기 시작했다)도 사용해 봐요.

응용패턴

She began to dance.   그녀는 춤추기 시작했다.

A bird began to sing.   새가 노래하기 시작했다.

 동사의 과거형은 보통 ed를 붙여서 만들어요.
예) start 시작하다 → started 시작했다
하지만 모양이 바뀌는 동사도 있어요.
예) begin 시작하다 → began 시작했다

Choose!

(They started / They started to) **fight.**   그들은 싸우기 시작했다.

144

 패턴에 알맞은 표현을 넣어 문장을 완성하세요.

run
뛰다, 달리다

shout
소리 지르다

rain
비가 오다

make dinner
저녁밥을 하다

worry
걱정하다

rise
올라가다, 떠오르다

❶ 그는 소리 지르기 시작했다.

He started to

❷ 모든 사람들이 뛰기 시작했다. + everybody 모든 사람들

❸ 비가 오기 시작했다.

● 날씨를 나타낼 때는 주어로 보통 It을 사용해요.

❹ 우리는 걱정하기 시작했다.

We began to

❺ 그녀는 저녁밥을 하기 시작했다.

❻ 해가 뜨기 시작했다. + the sun 해

I tried to...

나는 ~하려고 노력했다 / 나는 ~하려고 했다

I tried to catch a fish.
나는 물고기를 잡으려고 노력했어.

catch 잡다   fish 물고기

✦ try(노력하다)의 과거형은 tried(노력했다)예요.

✦ I tried to...는 '나는 ~하려고 했다/노력했다' 라는 뜻이에요.

✦ 노인은 과거에 물고기를 잡으려고 노력했다 면서 I tried to...를 사용했어요.

기본패턴

I tried to sleep.	나는 자려고 했다.
I tried to stop them.	난 그들을 말리려고 노력했다.

stop 멈추다, 말리다   them 그들을

✦ I tried not to...는 '나는 ~하지 않으려고 노력했다'라는 뜻이에요.

응용패턴

I tried not to cry.	나는 울지 않으려고 했다.
She tried not to eat much.	그녀는 많이 먹지 않으려고 노력했다.

cry 울다   eat 먹다   much 많이

Tip y로 끝나는 동사의 과거형은 보통 y를 i로 바꾸고 ed를 붙여서 만들어요.
예) try 노력하다 → tried 노력했다
cry 울다 → cried 울었다

Choose!

(I tried to / I tried not to) cry.   나는 울지 않으려고 노력했다.

Practice

패턴에 알맞은 표현을 넣어 문장을 완성하세요.

help you
너를 돕다

study hard
열심히 공부하다

take my toy
내 장난감을 가져가다

forget
잊다

laugh
웃다

fall
넘어지다

❶ 나는 열심히 공부하려고 노력했다.

I tried to

❷ 나는 너를 도와주려고 했다.

❸ 줄리는 내 장난감을 가져가려고 했다. + Julie 줄리

❹ 나는 웃지 않으려고 했다.

I tried not to

❺ 나는 잊지 않으려고 노력했다.

❻ 그는 넘어지지 않으려고 노력했다.

A 알맞은 문장에 √표를 하세요.

1. 그는 뛰기 시작했다.
   ⓐ **He wanted to** run.
   ⓑ **He started to** run.

2. 그녀는 저녁을 하기 시작했다.
   ⓐ **She began to** make dinner.
   ⓑ **She tried to** make dinner.

3. 나는 너를 도와주려고 했다.
   ⓐ **I tried to** help you.
   ⓑ **I wanted to** help you.

4. 나는 웃지 않으려고 노력했다.
   ⓐ **I tried to** laugh.
   ⓑ **I tried not to** laugh.

B 알맞은 표현을 써서 문장을 완성하세요.

| I started to | He began to | I tried to | I tried not to |

1. 나는 자려고 했다. ➡ _____ sleep.

2. 나는 수영하기 시작했다. ➡ _____ swim.

3. 그는 노래하기 시작했다. ➡ _____ sing.

4. 나는 울지 않으려고 노력했다. ➡ _____ cry.

C 그림을 참고하여 상황에 알맞은 문장을 쓰세요.

1. _____

나는 공부하기 시작했다. (started, study)

2. _____

나는 열심히 공부하려고 노력했다. (study hard)

3. _____

그들은 싸우기 시작했다. (began, fight)

4. _____

나는 그들을 말리려고 했다. (stop them)

5. _____

비가 오기 시작했다. (started, rain)

6. _____

모든 사람들이 뛰기 시작했다. (everybody, started, run)

A 사진을 보고 알맞은 단어를 고르세요.

1.

I want (a hamburger / bread).

I don't want (a hamburger / bread).

2.

I want to be a (pilot / teacher).

I don't want to be a (pilot / teacher).

3.

He wants to (study / watch TV).

He doesn't want to (study / watch TV).

4.

Do you want some (milk / Coke)?

No. I want some (milk / Coke).

5.

I wanted to play (baseball / basketball).

I didn't want to play (baseball / basketball).

6.

I started to (cry / laugh).

Mom began to (shout / worry).

B 알맞은 패턴과 표현을 찾아서 연결하세요.

1. 나는 새 가방을 갖고 싶어. • • I want to • • a new bag.

2. 나는 화장실에 가고 싶어. • • I want • • ride a bike?

3. 너는 자전거 타고 싶어? • • Do you want • • some juice?

4. 주스를 좀 줄까요? • • Do you want to • • go to the bathroom.

5. 나는 싸우고 싶지 않아. • • He wants to • • fight.

6. 그는 집에 가고 싶어 해요. • • I don't want to • • go home.

7. 나는 너를 도와주려고 했어. • • He started to • • help you.

8. 그는 숙제를 하기 시작했다. • • I tried to • • do his homework.

빈칸에 알맞은 표현을 써서 문장을 완성하세요.

1.

❶ _____ some popcorn.

❷ _____ some ice cream.

나는 팝콘을 좀 먹고 싶어. / 그녀는 아이스크림을 먹고 싶어 해.

2.

❶ _____ go to the park.

❷ _____ go to the library.

나는 공원에 가고 싶어. / 나는 도서관에 가고 싶지 않아.

3.

A: ❶ _____ read a book?

B: No. ❷ _____ see a movie.

A: 너는 책을 읽고 싶어? / B: 아니. 나는 영화를 보고 싶어.

4.

❶ _____ play outside.

But ❷ _____ rain.

그는 밖에서 놀고 싶어 했다. / 그런데 비가 오기 시작했다.(started)

5.

❶ _____ make dinner.

❷ _____ help her.

그녀는 저녁을 하기 시작했다.(began) / 나는 그녀를 도우려고 했다.

D 빈칸에 알맞은 표현을 써서 글을 완성하세요.

I want to help people.

I want to ❶ _____ .

Tom likes cooking.

❷ _____ be a chef.

What do you want to be?

➡ 나는 사람들을 돕고 싶다. 나는 의사가 되고 싶다. 탐은 요리하는 것을 좋아한다.
그는 요리사가 되고 싶어 한다. 너는 무엇이 되고 싶어?

I tried to study hard.

I am so tired.

❸ _____ brush my

teeth. I don't want to take a shower.

❹ _____ go to bed.

➡ 나는 열심히 공부하려고 노력했다. 나는 무척 피곤하다. 나는 양치하기 싫다.
나는 샤워하기 싫다. 나는 자고 싶다.

기적 영어 학습서

기본이 탄탄! 실전에서 척척!
유초등 필수 영어능력을 길러주는 코어 학습서

유아 영어

재미있는 액티비티가 가득한
4~6세를 위한 영어 워크북

| 4세 이상 | 5세 이상 | 6세 이상 | 6세 이상 |

파닉스 완성 프로그램

알파벳 음가 ➔ 사이트워드
➔ 읽기 연습까지!
리딩을 위한 탄탄한 기초 만들기

| 6세 이상 전 3권 | 1~3학년 | 1~3학년 전 3권 |

영어 단어

영어 실력의 가장 큰 바탕은 어휘력!
교과과정 필수 어휘 익히기

| 1~3학년 전 2권 | 3학년 이상 전 2권 |

영어 리딩

패턴 문장 리딩으로 시작해
정확한 해석을 위한 끊어읽기까지!
탄탄한 독해 실력 쌓기

| 2~3학년 전 3권 | 3~4학년 전 3권 | 4~5학년 전 2권 | 5~6학년 전 2권 |

영어 라이팅

저학년은 패턴 영작으로,
고학년은 5형식 문장 만들기 연습으로
튼튼한 영작 실력 완성

| 2학년 이상 전 4권 | 4학년 이상 전 5권 | 5학년 이상 전 2권 | 6학년 이상 |

영어일기

한 줄 쓰기부터 생활일기,
주제일기까지!
영어 글쓰기 실력을 키우는 시리즈

| 3학년 이상 | 4~5학년 | 5~6학년 |

영문법

중학 영어 대비, 영어 구사
정확성을 키워주는 영문법 학습

| 4~5학년 전 2권 | 5~6학년 전 3권 | 6학년 이상 |

초등 필수 영어 무작정 따라하기

초등 시기에 놓쳐서는 안 될 필수 학습은 바로 영어 교과서!
영어 교과서 5종의 핵심 내용을 쏙쏙 뽑아 한 권으로 압축 정리했습니다.
초등 과정의 필수학습으로 기초를 다져서 중학교 및 상위 학습의 단단한 토대가 되게 합니다.

| 1~2학년 | 2~3학년 | 2~3학년 | 3학년 이상 | 4학년 이상 |

미국교과서 리딩

문제의 차이가 영어 실력의 차이! 논픽션 리딩에 강해지는 《미국교과서 READING》
논픽션 리딩에 가장 좋은 재료인 미국 교과과정의 주제를 담은 지문을 읽고, 독해력과
문제 해결력을 두루 향상시킬 수 있도록 구성한 단계별 리딩 프로그램

| LEVEL 1 | LEVEL 2 | LEVEL 3 | LEVEL 4 | LEVEL 5 |
| 준비 단계 | 시작 단계 | 정독 연습 단계 | 독해 정확성 향상 단계 | 독해 통합심화 단계 |

어떤 책을 봐야 할까?
영작 실력을 키우는 기적 시리즈!

영작 실력을
빠르게 늘려서 실수를
줄이고 싶어요.

처음 영작!
자주 쓰이는 문장 패턴으로
쉽게 시작할래요.

문장 만들기
공식을 익혀서 문법과 영작
둘 다 잘할래요.

기초 영작 연습

뼈대 문장 만들기

영작 집중 훈련

★ 기적의 영어문장 쓰기 1~4 ★

쉬운 패턴 문장으로
시작하는 기초 영작

대상: 초등 2~4학년

★ 기적의 영어문장 만들기 1~5 ★

어순에 맞는 단어블록 배열로
뼈대 문장부터 긴 문장까지!

대상: 초등 4~6학년

★ 기적의 영어문장 트레이닝 ★

문법과 영작에 강해지는
5형식 문장 만들기 집중 훈련

대상: 초등 5~6학년

기적의 영어문장 쓰기

2

(영단어 연습장 & 정답)

길벗스쿨

Book
2

영단어 연습장

*〈영단어 연습장〉을 옆에 두고 활용하세요.
단어를 쓰면서 뜻을 기억하고 철자를 연습해 보세요.

❶ 말

horse

❷ 집

house

❸ 할머니

grandmother

❹ 당나귀

donkey

❺ 신발

shoes

❻ 부모님

parents

❼ 무당벌레

ladybug

❽ 학교

school

❾ 할아버지

grandfather

❿ 벌

bee

⓫ 양말

socks

⓬ 장갑

gloves

---

❶ 닭

chicken

❷ 오리

duck

❸ 서점

bookstore

❹ 방

room

❺ 책상

desk

❻ 고모, 이모, (외)숙모

aunt

❼ 개구리

frog

❽ 거위

goose

❾ 도서관

library

❿ 의자

chair

⓫ 지우개

eraser

⓬ 삼촌, 큰아빠, 고모부, 이모부

uncle

① 큰, 넓은
large

② 맛있는
delicious

③ 너무
too

④ 더러운
dirty

⑤ 달콤한
sweet

⑥ 긴
long

⑦ 장미
rose

⑧ 흥미진진한
exciting

⑨ 무서운
scary

⑩ 큰
big

⑪ 키가 큰
tall

⑫ 재미있는
interesting

① 오래된, 낡은
old

② 새로운, 새것인
new

③ 조종사
pilot

④ 예쁜
pretty

⑤ 웃기는
funny

⑥ 긴
long

⑦ 아픈
sick

⑧ 준비된
ready

⑨ 튼튼한
strong

⑩ 약한
weak

⑪ 화가 난
angry

⑫ 노란색의
yellow

① 친절한

kind

② 지저분한

messy

③ 치과의사

dentist

④ 차가운, 추운

cold

⑤ 뚱뚱한

fat

⑥ 분홍색의

pink

⑦ 녹색의

green

⑧ 검은색의

black

⑨ 똑똑한

smart

⑩ 짧은

short

⑪ 빨간색의

red

⑫ 날카로운

sharp

---

① 바쁜

busy

② 운이 좋은

lucky

③ 한가한

free

④ 외로운

lonely

⑤ 목마른

thirsty

⑥ 무서워하는

afraid

⑦ 틀린

wrong

⑧ 맞은

right

⑨ 최고의

best

⑩ 졸린

sleepy

⑪ 놀란

surprised

⑫ 지루한, 따분한

bored

❶ 왕
king

❷ 왕비
queen

❸ 바보 같은
foolish

❹ 괜찮은
okay

❺ 긴장한
nervous

❻ 마녀
witch

❼ 추운
cold

❽ 재미있는, 흥미로운
interesting

❾ 지루한
boring

❿ 어려운, 힘든
hard

⓫ 비어 있는
empty

⓬ 무서운
scary

❶ 배부른, 꽉 찬
full

❷ 충격을 받은
shocked

❸ 친한
close

❹ 무서운
scared

❺ 신난
excited

❻ 걱정하는
worried

❼ 비싼
expensive

❽ 대단한, 위대한
great

❾ 가난한
poor

❿ 비슷한
similar

⓫ 다른
different

⓬ 게으른
lazy

Pattern 17-18

❶ 용감한
brave

❷ 달콤한
sweet

❸ 공주
princess

❹ 늦은
late

❺ 안전한
safe

❻ 아름다운
beautiful

❼ 예쁜
pretty

❽ (맛이) 신
sour

❾ 귀여운
cute

❿ 실망한
disappointed

⓫ 놀란
surprised

⓬ 아픈
sick

Pattern 19-20

❶ 부엌
kitchen

❷ 화장실
bathroom

❸ 거실
living room

❹ 나무
tree

❺ 식탁, 탁자
table

❻ 벤치
bench

❼ 지붕
roof

❽ 소파
sofa

❾ 신문
newspaper

❿ 빵집
bakery

⓫ 은행
bank

⓬ 우체국
post office

① 번개
lightning

② 무지개
rainbow

③ 보름달
full moon

④ 소방차
fire truck

⑤ 경찰차
police car

⑥ 구급차
ambulance

⑦ 소식, 뉴스
news

⑧ 천둥
thunder

⑨ 사이렌
siren

⑩ 음악
music

⑪ 이야기
story

⑫ 시계
clock

① 편지
letter

② 신문
newspaper

③ 동화책
storybook

④ 파티
party

⑤ 여행
trip

⑥ 게임, 경기
game

⑦ 드럼, 북
drum

⑧ 바이올린
violin

⑨ 배드민턴
badminton

⑩ 시험
test

⑪ 퍼즐
puzzle

⑫ 숙제
homework

❶ 눈사람
snowman

❷ 탑
tower

❸ 샌드위치
sandwich

❹ 선물
present

❺ 가위
scissors

❻ 공책
notebook

❼ 초콜릿
chocolate

❽ 꽃
flower

❾ 수, 번호
number

❿ 선물
gift

⓫ 공
ball

⓬ 돈
money

❶ 비누
soap

❷ 잼
jam

❸ 케첩
ketchup

❹ 우산
umbrella

❺ 안경
glasses

❻ 생일
birthday

❼ 전화기
phone

❽ 필통
pencil case

❾ 일기장
diary

❿ 펜
pen

⓫ 장갑
gloves

⓬ 보물
treasure

① 빵집
bakery

② 슈퍼마켓
supermarket

③ 놀이터
playground

④ 은행
bank

⑤ 박물관
museum

⑥ 교회
church

⑦ 식당
restaurant

⑧ 공원
park

⑨ 집
house

⑩ 한국
Korea

⑪ 미국
America

⑫ 학교
school

① 햄버거
hamburger

② 강아지
puppy

③ 가방
bag

④ 빵
bread

⑤ 콜라
Coke

⑥ 새로운
new

⑦ 보다
watch

⑧ 화가
artist

⑨ 화장실
bathroom

⑩ 영화
movie

⑪ 캠핑하는 것
camping

⑫ 밖에서
outside

❶ 싸우다
fight

❷ 공부하다
study

❸ 칫솔질하다
brush

❹ 이들 (tooth의 복수형)
teeth

❺ 목욕
bath

❻ 당근
carrot

❼ 풍선
balloon

❽ 팝콘
popcorn

❾ 주스
juice

❿ 자전거
bike

⓫ 공원
park

⓬ 자다
go to bed

❶ 농구
basketball

❷ 산
mountain

❸ 경찰관
police officer

❹ 청소하다
clean

❺ 씻다
wash

❻ 접시
dish

❼ 여행하다
travel

❽ 세계
world

❾ 강
river

❿ 동물원
zoo

⓫ 반려동물
pet

⓬ (건물을) 짓다
build

① 서점
bookstore

② 피자
pizza

③ 보다
see

④ 공연
show

⑤ 사다
buy

⑥ 상, 상품
prize

⑦ 얼굴
face

⑧ 샤워
shower

⑨ 거짓말하다
lie

⑩ 병원
hospital

⑪ 주사
shot

⑫ 지다
lose

① 뛰다, 달리다
run

② 소리 지르다
shout

③ 비가 오다
rain

④ 저녁 식사
dinner

⑤ 걱정하다
worry

⑥ 올라가다, 떠오르다
rise

⑦ 돕다
help

⑧ 열심히
hard

⑨ 장난감
toy

⑩ 잊다
forget

⑪ 웃다
laugh

⑫ 넘어지다
fall

Book
2

정답

*축약형을 써도 동일한 표현이므로 맞힌 것으로 채점해 주세요.
아이들이 영작에 흥미를 잃지 않고 재미있고 자신 있게 쓸 수
있게 지도해 주세요.

Pattern 01

❶ This is a horse.
❷ This is my grandmother.
❸ This is my house.
❹ These are donkeys.
❺ These are my parents.
❻ These are not my shoes.

Pattern 02

❶ That is a ladybug.
❷ That is my grandfather.
❸ That is my school.
❹ Those are my socks.
❺ Those are my gloves.
❻ Those are not bees.

Check-up Pattern 01-02

  1. ⓐ   2. ⓑ   3. ⓑ   4. ⓐ

B 1. This is
   2. That is
   3. These are
   4. Those are

   1. This is not a butterfly.
   2. This is a ladybug.
   3. That is not a horse.
   4. That is a donkey.
   5. These are not my shoes.
   6. Those are my shoes.

Pattern 03

❶ Is this a duck?
❷ Is this a chicken?
❸ Is this a bookstore?
❹ Is this your desk?
❺ Is this your room?
❻ Is this your aunt?

Pattern 04

❶ Is that a frog?
❷ Is that a goose?
❸ Is that a library?
❹ Is that your eraser?
❺ Is that your chair?
❻ Is that your uncle?

Check-up Pattern 03-04

  1. ⓑ   2. ⓑ   3. ⓐ   4. ⓐ

B 1. Is that
   2. Is this
   3. Is this your
   4. Is that your

   1. Is that a duck?
   2. That is a goose.
   3. Is this a library?
   4. This is a bookstore.
   5. Is this your eraser?
   6. That is not my eraser.

Pattern 05

❶ This house is large.
❷ This shirt is too big.
❸ This cheese is delicious.
❹ These cookies are sweet.
❺ These socks are dirty.
❻ These pants are too long.

Pattern 06

❶ That flower is a rose.
❷ That game is exciting.
❸ That cat is scary.
❹ Those books are interesting.
❺ Those balloons are very big.
❻ Those buildings are very tall.

Check-up Pattern 05-06

1. ⓐ   2. ⓐ   3. ⓑ   4. ⓑ

B 1. This, is
   2. Those, are
   3. That, is
   4. These, are

1. That building is very tall.
2. Those cars are very fast.
3. This house is large.
4. That cat is scary.
5. These cookies are sweet.
6. This cheese is delicious.

Pattern 07

❶ My bike is new.
❷ My shoes are old.
❸ My father is a pilot.
❹ Your dress is pretty.
❺ Your brother is funny.
❻ Your hair is long.

Pattern 08

❶ Our team is ready.
❷ Our dog is sick.
❸ Our house is strong.
❹ Their ball is yellow.
❺ Their teacher is angry.
❻ Their house is weak.

Check-up Pattern 07-08

1. ⓐ   2. ⓑ   3. ⓐ   4. ⓑ

B 1. Your, is
   2. My, are
   3. Our, is
   4. Their, are

1. My bike is old.
2. Your bike is new.
3. Our teacher is angry.
4. Your teacher is funny.
5. My house is strong.
6. Their houses are weak.

Pattern 09

Choose!   Her hair · · · · · · · · · · · · · · · · · · · p.36

Practice · p.37

❶ His desk is messy.
❷ His wife is kind.
❸ His mother is a dentist.
❹ Her bed is pink.
❺ Her husband is fat.
❻ Her feet are cold.

Pattern 10

Choose!   Its nose · · · · · · · · · · · · · · · · · · p.38

Practice · p.39

❶ Mary's sister is smart.
❷ My dad's car is black.
❸ The man's hat is green.
❹ Its tail is short.
❺ Its eyes are red.
❻ Its teeth are sharp.

Check-up Pattern 09-10

A · p.40

1. ⓑ   2. ⓐ   3. ⓑ   4. ⓐ

B 1. His, is
2. Her, is
3. Its, is
4. My mom's, are

C · p.41

1. His name is Jack.
2. Her name is Jill.
3. Jack's desk is messy.
4. Jill's desk is clean.
5. Its eyes are red.
6. Its tail is short.

Weekly Review Pattern 01-10

A · p.42

1. chicken / duck
2. horse / donkey
3. butterflies / bees
4. dirty / clean
5. yellow / green
6. dentist / teacher

B · p.43

1. Is this a frog?
2. This is my friend.
3. These are heavy.
4. Those are my shoes.
5. This movie is fun.
6. That building is tall.
7. Its tail is short.
8. Our team is ready.

C · p.44

1. ❶ This is   ❷ Her hair is
2. ❶ That is   ❷ His hair is
3. ❶ These are not ❷ Those are
4. ❶ Its nose is   ❷ Its ears are
5. ❶ Is this your   ❷ My bed is

D · p.45

❶ This is
❷ My room is
❸ These pants are
❹ These socks are

Pattern 11

❶ I was lucky.
❷ I was free.
❸ I was a little busy.
❹ I was not afraid.
❺ I was not thirsty.
❻ I was not lonely.

Pattern 12

❶ You were right.
❷ You were wrong.
❸ You were the best.
❹ Were you sleepy?
❺ Were you bored?
❻ Were you surprised?

Check-up Pattern 11-12

1. ⓑ   2. ⓑ   3. ⓐ   4. ⓐ

B 1. You were
   2. I was
   3. Were you
   4. I was not

1. You were great.
2. You were the best.
3. Were you surprised?
4. I was very surprised.
5. Were you busy?
6. I was free.

Pattern 13

❶ He was a king.
❷ He was foolish.
❸ She was a queen.
❹ Was he okay?
❺ Was she nervous?
❻ Was she a witch?

Pattern 14

❶ It was interesting.
❷ It was boring.
❸ It was cold yesterday.
❹ Was it scary?
❺ Was it empty?
❻ Was it hard?

Check-up Pattern 13-14

1. ⓐ   2. ⓑ   3. ⓑ   4. ⓐ

B 1. It was
   2. He was
   3. Was she
   4. Was it

1. Was it fun?
2. It was boring.
3. Was it scary?
4. It was very scary.
5. Was she your mom?
6. She was my aunt.

Pattern 15

❶ We were shocked.
❷ We were close friends.
❸ We were not full.
❹ We were all excited.
❺ We were all worried.
❻ We were all scared.

Pattern 16

❶ They were poor.
❷ They were expensive.
❸ They were great singers.
❹ They were all lazy.
❺ They were all similar.
❻ They were all different.

Check-up Pattern 15-16

   1. ⓑ   2. ⓐ   3. ⓐ   4. ⓑ

B   1. We were
   2. They were
   3. We were all
   4. They were all

   1. We were poor.
   2. But they were rich.
   3. We were all happy.
   4. But they were all sad.
   5. They were not similar.
   6. They were all different.

Pattern 17

❶ The watermelon was sweet.
❷ The prince was very brave.
❸ The woman was a princess.
❹ Tom was safe.
❺ Sumi was late today.
❻ Snow White was so beautiful.

Pattern 18

❶ The lemons were sour.
❷ The flowers were pretty.
❸ The puppies were so cute.
❹ Many people were sick.
❺ Many people were surprised.
❻ Many people were disappointed.

Check-up Pattern 17-18

   1. ⓐ   2. ⓑ   3. ⓐ   4. ⓑ

B   1. was
   2. were
   3. was
   4. were

   1. The watermelon was sweet.
   2. But the grapes were sour.
   3. The monsters were scary.
   4. But the prince was very brave.
   5. The concert was boring.
   6. Many people were disappointed.

Pattern 19

❶ I'm in the bathroom.
❷ He's in the living room.
❸ My mom is in the kitchen.
❹ It's under the table.
❺ The ball is under the bench.
❻ The fox was under the tree.

Pattern 20

❶ It's on the sofa.
❷ The remote is on the newspaper.
❸ The wolf was on the roof.
❹ It's next to the bank.
❺ It's next to the post office.
❻ The bank was next to the bakery.

Check-up Pattern 19-20

1. ⓑ 2. ⓐ 3. ⓑ 4. ⓐ

B 1. is on
2. is in
3. was under
4. was next to

1. The newspaper is on the sofa.
2. The remote is under the newspaper.
3. The pigs are in the house.
4. The wolf is on the roof.
5. The bird was on the tree.
6. The fox was under the tree.

Weekly Review Pattern 11-20

1. lonely / happy
2. poor / rich
3. hard / easy
4. similar / different
5. queen / witch
6. kitchen / bathroom

1. I was lucky.
2. You were kind.
3. Were you surprised?
4. It was fun.
5. He was sleepy.
6. I was not afraid.
7. They were all worried.
8. Was it boring?

1. ❶ It was   ❷ It was not
2. ❶ You were   ❷ I was
3. ❶ Was she   ❷ She was
4. ❶ The train was
   ❷ We were all
5. ❶ The car is under
   ❷ The cat is on

❶ It was
❷ We were all
❸ I was
❹ My dad was in

Pattern 21

❶ I saw a rainbow.
❷ I saw lightning.
❸ We saw the full moon.
❹ I saw a police car yesterday.
❺ I saw an ambulance yesterday.
❻ He saw a fire truck yesterday.

Pattern 22

❶ I heard thunder.
❷ I heard a siren.
❸ They heard the news.
❹ I heard music in the street.
❺ I heard a clock in the room.
❻ We heard the story in the classroom.

Check-up Pattern 21-22

　1. ⓑ　2. ⓐ　3. ⓑ　4. ⓐ

B　1. heard
　2. saw
　3. yesterday
　4. in the street

　1. I saw lightning.
　2. I heard thunder.
　3. He heard a siren.
　4. He saw an ambulance.
　5. We saw the full moon yesterday.
　6. We saw many stars, too.

Pattern 23

❶ I read the letter.
❷ I read a storybook.
❸ He read the newspaper.
❹ I enjoyed the party.
❺ I enjoyed the game.
❻ We enjoyed the trip.

Pattern 24

❶ I played the violin.
❷ I played the drum.
❸ We played badminton.
❹ I finished my homework.
❺ I finished the test.
❻ They finished the puzzle.

Check-up Pattern 23-24

　1. ⓐ　2. ⓑ　3. ⓐ　4. ⓑ

B　1. finished
　2. played
　3. read
　4. enjoyed

　1. I read a storybook.
　2. He read the newspaper.
　3. I finished my lunch.
　4. I enjoyed the food.
　5. We played soccer.
　6. They played the drum.

Pattern 25

❶ I made a tower.
❷ I made a snowman.
❸ I made a sandwich for my mom.
❹ I bought a notebook.
❺ I bought scissors.
❻ I bought a present for my dad.

Pattern 27

❶ I needed jam.
❷ I needed ketchup.
❸ I needed soap.
❹ I forgot my umbrella.
❺ I forgot my glasses.
❻ I forgot his birthday.

Pattern 26

❶ I gave you chocolate.
❷ I gave her a flower.
❸ I gave him my phone number.
❹ He gave me a soccer ball.
❺ He gave me some money.
❻ She gave me a birthday gift.

Pattern 28

❶ I lost my pencil case.
❷ I lost my diary.
❸ I lost my phone this afternoon.
❹ I found my gloves.
❺ I found the treasure.
❻ He found a pen on the floor.

Check-up Pattern 25-26

1. ⓐ   2. ⓑ   3. ⓑ   4. ⓐ

B 1. made
   2. gave him
   3. bought, for
   4. gave me

1. I made a robot.
2. He made a tower.
3. I bought a notebook.
4. He bought scissors.
5. I gave him chocolate.
6. He gave me a flower.

Check-up Pattern 27-28

1. ⓑ   2. ⓐ   3. ⓐ   4. ⓑ

B 1. lost
   2. forgot
   3. needed
   4. found

1. I needed jam.
2. I needed ketchup, too.
3. I lost my notebook.
4. I lost my pencil case, too.
5. He found the cave.
6. He found the treasure.

Pattern 29

❶ I went to the bakery.
❷ I went to the playground.
❸ My mom went to the supermarket.
❹ I went to the bank with my mom.
❺ I went to the museum with my dad.
❻ I went to the church with Julie.

Pattern 30

❶ He came to the park.
❷ She came to the restaurant.
❸ Santa came to my house.
❹ I came to America last week.
❺ She came to Korea last week.
❻ He came to my school last week.

Check-up Pattern 29-30

   1. ⓑ   2. ⓑ   3. ⓐ   4. ⓑ

B   1. came to
    2. went to
    3. with my family
    4. last week

   1. I went to the playground.
   2. Minsu came to the playground.
   3. My mom went to the bank.
   4. My dad went to the hospital.
   5. Billy went to America.
   6. Julie came to Korea.

Weekly Review Pattern 21-30

   1. lightning / thunder
   2. cake / present
   3. a pencil case / scissors
   4. a sandwich / juice
   5. bakery / bread
   6. chocolates / flowers

   1. I found a cave.
   2. I forgot his name.
   3. I saw a rainbow.
   4. I went to the park.
   5. I needed a towel.
   6. I bought an eraser.
   7. I heard the news.
   8. I enjoyed the trip.

   1. ❶ I saw   ❷ I heard
   2. ❶ I read   ❷ I finished
   3. ❶ We played   ❷ We enjoyed
   4. ❶ I made   ❷ I lost
   5. ❶ I needed   ❷ He gave me

   ❶ I went to
   ❷ I gave her
   ❸ We made
   ❹ We saw

Pattern 31

❶ I want a puppy.
❷ I want a new bag.
❸ I want a hamburger.
❹ We want new shoes.
❺ We want some bread.
❻ They want a Coke.

Pattern 32

❶ I want to watch TV.
❷ I want to go to the bathroom.
❸ I want to be an artist.
❹ We want to see a movie.
❺ We want to go camping.
❻ They want to play outside.

Check-up Pattern 31-32

1. ⓐ   2. ⓑ   3. ⓐ   4. ⓑ

B 1. I want
   2. We want
   3. I want to
   4. They want to

   1. I want some bread.
   2. I want ice cream.
   3. I want to be a pilot.
   4. I want to be an artist.
   5. We want to watch TV.
   6. They want to play outside.

Pattern 33

❶ I don't want to study.
❷ I don't want to fight.
❸ I don't want to brush my teeth.
❹ We don't want to eat carrots.
❺ We don't want to be late.
❻ They don't want to take a bath.

Pattern 34

❶ Do you want a balloon?
❷ Do you want some juice?
❸ Do you want some popcorn?
❹ Do you want to go to the park?
❺ Do you want to ride a bike?
❻ Do you want to go to bed?

Check-up Pattern 33-34

1. ⓑ   2. ⓐ   3. ⓐ   4. ⓑ

B 1. I don't want to
   2. Do you want
   3. Do you want to
   4. We don't want to

   1. I don't want to study.
   2. I want to watch TV.
   3. Do you want some bread?
   4. I want some popcorn.
   5. Do you want to go to the park?
   6. I want to ride my bike there.

Pattern 35

Choose! He wants to p.132

Practice p.133

❶ He wants to play basketball.
❷ He wants to be a police officer.
❸ She wants to go to the mountain.
❹ He doesn't want to clean his room.
❺ He doesn't want to do his homework.
❻ She doesn't want to wash the dishes.

Pattern 36

Choose! wants to p.134

Practice p.135

❶ My dad wants to go to the river.
❷ Bill wants to travel the world.
❸ The woman wants to be a chef.
❹ The pigs want to build a house.
❺ The kids want to have a pet.
❻ The students want to go to the zoo.

Check-up Pattern 35-36

A p.136

1. ⓐ   2. ⓑ   3. ⓑ   4. ⓐ

B 1. wants to
   2. doesn't want to
   3. wants to
   4. want to

C p.137

   1. Bill doesn't want to go to bed.
   2. He wants to play more.
   3. Sumi doesn't want to be a doctor.
   4. She wants to be a teacher.
   5. My dad wants to go to the mountain.
   6. But we want to go to the river.

Pattern 37

Choose! She wanted to p.138

Practice p.139

❶ I wanted to make a pizza.
❷ I wanted to go to the bookstore.
❸ I wanted to play with my friends.
❹ We wanted to see the show.
❺ He wanted to get a prize.
❻ Julie wanted to buy the book.

Pattern 38

Choose! I didn't want to p.140

Practice p.141

❶ I didn't want to lie.
❷ I didn't want to wash my face.
❸ I didn't want to take a shower.
❹ We didn't want to lose the game.
❺ She didn't want to go to the hospital.
❻ He didn't want to get a shot.

Check-up Pattern 37-38

A p.142

1. ⓑ   2. ⓐ   3. ⓑ   4. ⓐ

B 1. wanted to
   2. didn't want to
   3. wanted to
   4. didn't want to

C p.143

   1. I wanted to go to the party.
   2. I wanted to play with my friends.
   3. I didn't want to go to the hospital.
   4. I didn't want to get a shot.
   5. Jack wanted to go to the bookstore.
   6. He wanted to buy a book.

Pattern 39

❶ He started to shout.
❷ Everybody started to run.
❸ It started to rain.
❹ We began to worry.
❺ She began to make dinner.
❻ The sun began to rise.

Pattern 40

❶ I tried to study hard.
❷ I tried to help you.
❸ Julie tried to take my toy.
❹ I tried not to laugh.
❺ I tried not to forget.
❻ He tried not to fall.

Check-up Pattern 39-40

1. ⓑ   2. ⓐ   3. ⓐ   4. ⓑ

B 1. I tried to
2. I started to
3. He began to
4. I tried not to

1. I started to study.
2. I tried to study hard.
3. They began to fight.
4. I tried to stop them.
5. It started to rain.
6. Everybody started to run.

Weekly Review Pattern 31-40

1. a hamburger / bread
2. pilot / teacher
3. watch TV / study
4. milk / Coke
5. basketball / baseball
6. cry / worry

1. I want a new bag.
2. I want to go to the bathroom.
3. Do you want to ride a bike?
4. Do you want some juice?
5. I don't want to fight.
6. He wants to go home.
7. I tried to help you.
8. He started to do his homework.

1. ❶ I want   ❷ She wants
2. ❶ I want to   ❷ I don't want to
3. ❶ Do you want to ❷ I want to
4. ❶ He wanted to   ❷ it started to
5. ❶ She began to   ❷ I tried to

❶ be a doctor
❷ He wants to
❸ I don't want to
❹ I want to